RICETTE DASH 2022

FANTASTICHE RICETTE PER RIDURRE IL PESO E ABBASSARE LA PRESSIONE SANGUIGNA

TERESA LOI

Sommario

Broccoli di tacchino e cumino 12

Chiodi Di Garofano Di Pollo 13

Pollo con Carciofi allo Zenzero 14

Mix di tacchino e pepe in grani 15

Cosce di pollo e verdure al rosmarino 16

Pollo con carote e cavolo 18

Sandwich di melanzane e tacchino 19

Tortillas semplici di tacchino e zucchine 21

Pollo con peperoni e padella di melanzane 22

Tacchino Al Forno Balsamico 23

Mix di tacchino al formaggio cheddar 24

Parmigiano Tacchino 25

Mix cremoso di pollo e gamberetti 26

Mix di tacchino al basilico e asparagi piccanti 27

Anacardi Turchia Medley 28

Tacchino e bacche 29

Petto Di Pollo Di Cinque Spezie 30

Tacchino con verdure speziate 31

Funghi Di Pollo E Peperoncino 32

Chili Chicken and Tomatoes Carciofi 33

Mix di pollo e barbabietole 34

Tacchino con insalata di sedano 35

Mix di cosce di pollo e uva 36

Tacchino e Orzo Limone 37

Tacchino con barbabietole e mix di ravanelli 38
Mix di maiale all'aglio 39
Maiale alla paprika con carote 40
Maiale allo zenzero e cipolle 41
Maiale al cumino 43
Carne di maiale e verdure miste 44
Padella Di Maiale Al Timo 45
Maiale al cocco e sedano 48
Costolette Di Maiale Alla Salvia 50
Carne di maiale e melanzane tailandesi 51
Scalogno di maiale e lime 52
Maiale all'aceto balsamico 53
Maiale al pesto 54
Maiale con peperoni e prezzemolo 55
Mix di agnello al cumino 56
Maiale con Ravanelli e Fagiolini 57
Finocchio Agnello e Funghi 58
Padella di maiale e spinaci 59
Maiale con Avocado 61
Misto di maiale e mele 62
Costolette Di Maiale Alla Cannella 63
Costolette Di Maiale Al Cocco 64
Misto Di Maiale Con Pesche 65
Agnello e Ravanelli al Cacao 66
Maiale al Limone e Carciofi 67
Maiale con salsa al coriandolo 69
Maiale con Mango Mix 70

Maiale al rosmarino e patate dolci al limone 71

Maiale con Ceci... 72

Costolette di agnello con cavolo riccio 73

Agnello al peperoncino 74

Maiale con Porri alla Paprika... 75

Costolette di maiale e taccole 76

Maiale e Mais Menta 77

Aneto Di Agnello 78

Costolette di maiale e olive pimento 79

Costolette Di Agnello Italiane 80

Riso Di Maiale E Origano 81

Polpette Di Maiale 82

Maiale e Indivia.. 83

Maiale ed erba cipollina Ravanello 84

Polpette di Menta e Spinaci Sauté 85

Polpette e salsa di cocco 87

Maiale alla curcuma e lenticchie 89

Agnello saltato in padella 90

Maiale con barbabietole 91

Agnello e Cavolo 92

Agnello con Mais e Gombo 93

Senape Dragoncello Maiale.. 94

Maiale con Germogli e Capperi 95

Maiale con cavoletti di Bruxelles 96

Mix di maiale e fagiolini piccanti 97

Agnello con Quinoa... 98

Pan di Agnello e Bok Choy.. 99

Maiale con Okra e Olive 100

Orzo di Maiale e Capperi 101

Misto Di Maiale E Cipolle Verdi 102

Maiale Noce Moscata e Fagioli Neri 103

Insalata Di Salmone E Pesche 104

Capperi di salmone e aneto 105

Insalata Di Salmone E Cetriolo 106

Tonno e Scalogno 107

Miscela di merluzzo alla menta 108

Merluzzo e Pomodori 109

Tonno alla Paprika 110

Orange Cod 111

Salmone Al Basilico 112

Baccalà e Salsa Bianca 113

Mix di halibut e ravanelli 114

Mandorle Salmone Mix 115

Merluzzo e Broccoli 116

Miscela di branzino allo zenzero 117

Mix di gamberi e ananas 118

Salmone e Olive Verdi 119

Salmone e Finocchio 120

Baccalà e Asparagi 121

Gamberetti speziati 122

Branzino e Pomodori 123

Gamberetti e Fagioli 124

Mix di gamberi e rafano 125

Insalata di gamberi e dragoncello 126

Mix di merluzzo al parmigiano	127
Mix di tilapia e cipolla rossa	128
Insalata di trote	129
Trota Balsamica	130
Salmone Prezzemolo	131
Insalata di trote e verdure	132
Salmone allo zafferano	133
Insalata di gamberi e anguria	134
Insalata di origano gamberetti e quinoa	135
Insalata Di Granchio	136
Capesante Balsamiche	137
Mix cremoso di passere	138
Salmone piccante e mix di mango	139
Mix di gamberetti all'aneto	140
Patè Di Salmone	141
Gamberetti ai Carciofi	142
Gamberetti con salsa al limone	143
Tonno e Arancia Mix	144
Salmone al curry	145
Salmone e Carote Mix	146
Mix di gamberetti e pinoli	147
Chili Cod e Fagiolini	148
Capesante all'aglio	149
Mix cremoso di branzino	150
Mix di spigola e funghi	151
Zuppa Di Salmone	152
Gamberetti alla noce moscata	153

Mix di gamberi e frutti di bosco ... 154
Trota Limone Al Forno ... 155
Capesante all'erba cipollina ... 156
Polpette Di Tonno ... 157
Salmone Pan ... 158
Miscela di merluzzo alla senape ... 159
Mix di gamberi e asparagi ... 160
Merluzzo e Piselli ... 161
Ciotole Di Gamberetti E Cozze ... 162
Crema Menta ... 163
Budino Di Lamponi ... 164
Barrette di mandorle ... 165
Mix di pesche al forno ... 166
Torta Di Noci ... 167
Torta di mele ... 168
Crema alla cannella ... 169
Mix cremoso di fragole ... 170
Brownies alla vaniglia e noci pecan ... 171
Budino Di Cacao ... 173
Crema alla vaniglia alla noce moscata ... 174
Crema di avocado ... 175
Crema Di Lamponi ... 176
Insalata di anguria ... 177
Mix di pere al cocco ... 178
Composta di mele ... 179
Stufato di albicocche ... 180
Mix di melone al limone ... 181

Crema cremosa al rabarbaro	182
Ciotole di ananas	183
Stufato di mirtilli	184
Budino Di Lime	185
Crema di pesche	186
Miscela Di Prugne Alla Cannella	187
Chia e Mele Vaniglia	188
Stufato di rabarbaro	190
Crema di rabarbaro	191
Insalata Di Mirtilli	192
Datteri e crema di banana	193
Muffin alla prugna	194
Ciotole di prugne e uvetta	195
Barrette di semi di girasole	196
Ciotole per more e anacardi	197
Ciotole Arancia e Mandarini	198
Crema Di Zucca	199
Mix di fichi e rabarbaro	200
Banana speziata	201
Frullato al cacao	202
Bar con tè verde e datteri	204
Crema di noci	205
Torta al limone	206
Barrette di uvetta	207
Nettarine Squares	208
Stufato di uva	209
Crema Mandarino e Prugne	210

Crema di Ciliegie e Fragole 211

Cardamomo, noci e budino di riso 212

Pane alle pere 213

Budino Di Riso E Ciliegie 214

Stufato Di Anguria 215

Budino allo zenzero 216

Crema di anacardi 217

Biscotti alla canapa 218

Ciotole Mandorle e Melograno 219

Broccoli di tacchino e cumino

Tempo di preparazione: 10 minuti
Tempo di cottura: 30 minuti
Porzioni: 4

Ingredienti:
- 1 cipolla rossa, tritata
- 1 libbra di petto di tacchino, senza pelle, disossato e tagliato a cubetti
- 2 tazze di fiori di broccoli
- 1 cucchiaino di cumino, macinato
- 3 spicchi d'aglio, tritati
- 2 cucchiai di olio d'oliva
- 14 once di latte di cocco
- Un pizzico di pepe nero
- ¼ di tazza di coriandolo, tritato

Indicazioni:
1. Riscaldare una pentola con l'olio a fuoco medio, aggiungere la cipolla e l'aglio, mescolare e far rosolare per 5 minuti.
2. Aggiungere il tacchino, mescolare e rosolare per 5 minuti.
3. Aggiungere i broccoli e il resto degli ingredienti, portare a ebollizione a fuoco medio e cuocere per 20 minuti.
4. Dividete il composto tra i piatti e servite.

Nutrizione: calorie 438, grassi 32,9, fibre 4,7, carboidrati 16,8, proteine 23,5

Chiodi Di Garofano Di Pollo

Tempo di preparazione: 10 minuti
Tempo di cottura: 30 minuti
Porzioni: 4

Ingredienti:
- 1 libbra di petto di pollo, senza pelle, disossato e tagliato a cubetti
- 1 tazza di brodo di pollo a basso contenuto di sodio
- 1 cucchiaio di olio di avocado
- 2 cucchiaini di chiodi di garofano, macinati
- 1 cipolla gialla, tritata
- 2 cucchiaini di paprika dolce
- 3 pomodori a cubetti
- Un pizzico di sale e pepe nero
- ½ tazza di prezzemolo tritato

Indicazioni:
1. Scaldare una padella con l'olio a fuoco medio, aggiungere la cipolla e far rosolare per 5 minuti.
2. Aggiungere il pollo e rosolare per altri 5 minuti.
3. Aggiungere il brodo e il resto degli ingredienti, portare a ebollizione e cuocere a fuoco medio per altri 20 minuti.
4. Dividete il composto tra i piatti e servite.

Nutrizione: calorie 324, grassi 12,3, fibre 5, carboidrati 33,10, proteine 22,4

Pollo con Carciofi allo Zenzero

Tempo di preparazione: 10 minuti
Tempo di cottura: 30 minuti
Porzioni: 4

Ingredienti:
- 2 petti di pollo, senza pelle, disossati e tagliati a metà
- 1 cucchiaio di zenzero, grattugiato
- 1 tazza di pomodori in scatola, senza sale aggiunto, tritati
- 10 once di carciofi in scatola, senza sale aggiunto, scolati e tagliati in quarti
- 2 cucchiai di succo di limone
- 2 cucchiai di olio d'oliva
- Un pizzico di pepe nero

Indicazioni:
1. Scaldare una padella con l'olio a fuoco medio, aggiungere lo zenzero ei carciofi, mescolare e cuocere per 5 minuti.
2. Aggiungere il pollo e cuocere per altri 5 minuti.
3. Aggiungere il resto degli ingredienti, portare a ebollizione e cuocere per altri 20 minuti.
4. Dividete tutto tra i piatti e servite.

Nutrizione: calorie 300, grassi 14,5, fibre 5,3, carboidrati 16,4, proteine 15,1

Mix di tacchino e pepe in grani

Tempo di preparazione: 10 minuti
Tempo di cottura: 30 minuti
Porzioni: 4

Ingredienti:
- ½ cucchiaio di pepe nero in grani
- 1 cucchiaio di olio d'oliva
- 1 libbra di petto di tacchino, senza pelle, disossato e tagliato a cubetti
- 1 tazza di brodo di pollo a basso contenuto di sodio
- 3 spicchi d'aglio, tritati
- 2 pomodori a cubetti
- Un pizzico di pepe nero
- 2 cucchiai di cipolline tritate

Indicazioni:
1. Scaldare una padella con l'olio a fuoco medio, aggiungere l'aglio e il tacchino e far rosolare per 5 minuti.
2. Aggiungere i grani di pepe e il resto degli ingredienti, portare a ebollizione e cuocere a fuoco medio per 25 minuti.
3. Dividete il composto tra i piatti e servite.

Nutrizione: calorie 313, grassi 13,3, fibre 7, carboidrati 23,4, proteine 16

Cosce di pollo e verdure al rosmarino

Tempo di preparazione: 10 minuti
Tempo di cottura: 40 minuti
Porzioni: 4

Ingredienti:
- 2 libbre di petto di pollo, senza pelle, disossato e tagliato a cubetti
- 1 carota, a cubetti
- 1 gambo di sedano, tritato
- 1 pomodoro a cubetti
- 2 cipolle rosse piccole, affettate
- 1 zucchina, a cubetti
- 2 spicchi d'aglio, tritati
- 1 cucchiaio di rosmarino tritato
- 2 cucchiai di olio d'oliva
- Pepe nero al gusto
- ½ tazza di brodo vegetale a basso contenuto di sodio

Indicazioni:
1. Scaldare una padella con l'olio a fuoco medio, aggiungere le cipolle e l'aglio, mescolare e far rosolare per 5 minuti.
2. Aggiungere il pollo, saltarlo e rosolarlo per altri 5 minuti.
3. Aggiungere la carota e gli altri ingredienti, mescolare, portare a ebollizione e cuocere a fuoco medio per 30 minuti.
4. Dividete il composto tra i piatti e servite.

Nutrizione: calorie 325, grassi 22,5, fibre 6,1, carboidrati 15,5, proteine 33,2

Pollo con carote e cavolo

Tempo di preparazione: 10 minuti
Tempo di cottura: 25 minuti
Porzioni: 4

Ingredienti:
- 1 libbra di petto di pollo, senza pelle, disossato e tagliato a cubetti
- 2 cucchiai di olio d'oliva
- 2 carote, sbucciate e grattugiate
- 1 cucchiaino di paprika dolce
- ½ tazza di brodo vegetale a basso contenuto di sodio
- 1 testa di cavolo rosso, sminuzzata
- 1 cipolla gialla, tritata
- Pepe nero al gusto

Indicazioni:
1. Scaldare una padella con l'olio a fuoco medio, aggiungere la cipolla, mescolare e far rosolare per 5 minuti.
2. Aggiungere la carne e rosolarla per altri 5 minuti.
3. Aggiungere le carote e gli altri ingredienti, mescolare, portare a ebollizione e cuocere a fuoco medio per 15 minuti.
4. Dividete tutto tra i piatti e servite.

Nutrizione: calorie 370, grassi 22,2, fibre 5,2, carboidrati 44,2, proteine 24,2

Sandwich di melanzane e tacchino

Tempo di preparazione: 10 minuti
Tempo di cottura: 25 minuti
Porzioni: 4

Ingredienti:
- 1 petto di tacchino, senza pelle, disossato e tagliato in 4 pezzi
- 1 melanzana, tagliata in 4 fette
- Pepe nero al gusto
- 1 cucchiaio di olio d'oliva
- 1 cucchiaio di origano, tritato
- ½ tazza di salsa di pomodoro a basso contenuto di sodio
- ½ tazza di formaggio cheddar a basso contenuto di grassi, sminuzzato
- 4 fette di pane integrale

Indicazioni:
1. Riscaldare una griglia a fuoco medio-alto, aggiungere le fettine di tacchino, irrorare con metà dell'olio, spolverare di pepe nero, cuocere 8 minuti per lato e trasferire su un piatto.
2. Disporre le fettine di melanzane sulla griglia riscaldata, irrorarle con il resto dell'olio, condire anche con pepe nero, cuocerle per 4 minuti per lato e trasferire nel piatto con le fettine di tacchino.
3. Disporre 2 fette di pane su un piano di lavoro, dividere il formaggio su ciascuna, dividere le fette di melanzane e quelle di tacchino su ciascuna, spolverare l'origano, irrorare con la salsa e guarnire con le altre 2 fette di pane.
4. Dividete i panini tra i piatti e servite.

Nutrizione: calorie 280, grassi 12,2, fibre 6, carboidrati 14, proteine 12

Tortillas semplici di tacchino e zucchine

Tempo di preparazione: 10 minuti
Tempo di cottura: 20 minuti
Porzioni: 4

Ingredienti:
- 4 tortillas integrali
- ½ tazza di yogurt magro
- 1 libbra di tacchino, petto, senza pelle, disossato e tagliato a listarelle
- 1 cucchiaio di olio d'oliva
- 1 cipolla rossa, affettata
- 1 zucchina, a cubetti
- 2 pomodori a cubetti
- Pepe nero al gusto

Indicazioni:
1. Scaldare una padella con l'olio a fuoco medio, aggiungere la cipolla, mescolare e far rosolare per 5 minuti.
2. Aggiungere le zucchine e i pomodori, mescolare e cuocere per altri 2 minuti.
3. Aggiungere la carne di tacchino, mescolare e cuocere per altri 13 minuti.
4. Spalmare lo yogurt su ogni tortilla, aggiungere dividere il mix di tacchino e zucchine, arrotolare, dividere tra i piatti e servire.

Nutrizione: calorie 290, grassi 13,4, fibre 3,42, carboidrati 12,5, proteine 6,9

Pollo con peperoni e padella di melanzane

Tempo di preparazione: 10 minuti
Tempo di cottura: 25 minuti
Porzioni: 4

Ingredienti:
- 2 petti di pollo, senza pelle, disossati e tagliati a cubetti
- 1 cipolla rossa, tritata
- 2 cucchiai di olio d'oliva
- 1 melanzana a cubetti
- 1 peperone rosso, a cubetti
- 1 peperone giallo, a cubetti
- Pepe nero al gusto
- 2 tazze di latte di cocco

Indicazioni:
4. Scaldare una padella con l'olio a fuoco medio-alto, aggiungere la cipolla, mescolare e cuocere per 3 minuti.
5. Aggiungere i peperoni, mescolare e cuocere per altri 2 minuti.
6. Aggiungere il pollo e gli altri ingredienti, mescolare, portare a ebollizione e cuocere a fuoco medio per altri 20 minuti.
7. Dividete tutto tra i piatti e servite.

Nutrizione: calorie 310, grassi 14,7, fibre 4, carboidrati 14,5, proteine 12,6

Tacchino Al Forno Balsamico

Tempo di preparazione: 10 minuti
Tempo di cottura: 40 minuti
Porzioni: 4

Ingredienti:
- 1 grosso petto di tacchino, senza pelle, disossato e affettato
- 2 cucchiai di aceto balsamico
- 1 cucchiaio di olio d'oliva
- 2 spicchi d'aglio, tritati
- 1 cucchiaio di condimento italiano
- Pepe nero al gusto
- 1 cucchiaio di coriandolo tritato

Indicazioni:
1. In una pirofila, mescolare il tacchino con l'aceto, l'olio e gli altri ingredienti, mescolare, introdurre in forno a 400 gradi e cuocere per 40 minuti.
2. Dividete il tutto tra i piatti e servite con un contorno di insalata.

Nutrizione: calorie 280, grassi 12,7, fibre 3, carboidrati 22,1, proteine 14

Mix di tacchino al formaggio cheddar

Tempo di preparazione: 10 minuti
Tempo di cottura: 1 ora
Porzioni: 4

Ingredienti:
- 1 libbra di petto di tacchino, senza pelle, disossato e affettato
- 2 cucchiai di olio d'oliva
- 1 tazza di pomodori in scatola, senza sale aggiunto, tritati
- Pepe nero al gusto
- 1 tazza di formaggio cheddar senza grassi, sminuzzato
- 2 cucchiai di prezzemolo tritato

Indicazioni:
1. Ungete una teglia con l'olio, disponete le fettine di tacchino nella teglia, spalmate sopra i pomodori, condite con pepe nero, cospargete di formaggio e prezzemolo, mettete in forno a 400 gradi e infornate per 1 ora.
2. Dividete tutto tra i piatti e servite.

Nutrizione: calorie 350, grassi 13,1, fibre 4, carboidrati 32,4, proteine 14,65

Parmigiano Tacchino

Tempo di preparazione: 10 minuti
Tempo di cottura: 23 minuti
Porzioni: 4

Ingredienti:
- 1 libbra di petto di tacchino, senza pelle, disossato e tagliato a cubetti
- 1 cucchiaio di olio d'oliva
- ½ tazza di parmigiano magro, grattugiato
- 2 scalogni, tritati
- 1 tazza di latte di cocco
- Pepe nero al gusto

Indicazioni:
1. Riscaldare una padella con l'olio a fuoco medio-alto, aggiungere lo scalogno, mescolare e cuocere per 5 minuti.
2. Aggiungere la carne, il latte di cocco e il pepe nero, mescolare e cuocere a fuoco medio per altri 15 minuti.
3. Aggiungere il parmigiano, cuocere per 2-3 minuti, dividere il tutto tra i piatti e servire.

Nutrizione: calorie 320, grassi 11,4, fibre 3,5, carboidrati 14,3, proteine 11,3

Mix cremoso di pollo e gamberetti

Tempo di preparazione: 10 minuti
Tempo di cottura: 14 minuti
Porzioni: 4

Ingredienti:
- 1 cucchiaio di olio d'oliva
- 1 libbra di petto di pollo, senza pelle, disossato e tagliato a cubetti
- ¼ di tazza di brodo di pollo a basso contenuto di sodio
- 1 libbra di gamberetti, pelati e puliti
- ½ tazza di crema al cocco
- 1 cucchiaio di coriandolo tritato

Indicazioni:
1. Riscaldare una padella con l'olio a fuoco medio, aggiungere il pollo, mescolare e cuocere per 8 minuti.
2. Aggiungere i gamberi e gli altri ingredienti, mescolare, cuocere il tutto per altri 6 minuti, dividere in ciotole e servire.

Nutrizione: calorie 370, grassi 12,3, fibre 5,2, carboidrati 12,6, proteine 8

Mix di tacchino al basilico e asparagi piccanti

Tempo di preparazione: 10 minuti
Tempo di cottura: 40 minuti
Porzioni: 4

Ingredienti:
- 1 libbra di petto di tacchino, senza pelle e tagliato a strisce
- 1 tazza di crema al cocco
- 1 tazza di brodo di pollo a basso contenuto di sodio
- 2 cucchiai di prezzemolo tritato
- 1 mazzetto di asparagi, mondati e tagliati a metà
- 1 cucchiaino di peperoncino in polvere
- 2 cucchiai di olio d'oliva
- Un pizzico di sale marino e pepe nero

Indicazioni:
1. Riscaldare una padella con l'olio a fuoco medio-alto, aggiungere il tacchino e un po 'di pepe nero, mescolare e cuocere per 5 minuti.
2. Aggiungere gli asparagi, il peperoncino in polvere e gli altri ingredienti, mescolare, portare a ebollizione e cuocere a fuoco medio per altri 30 minuti.
3. Dividete tutto tra i piatti e servite.

Nutrizione: calorie 290, grassi 12,10, fibre 4,6, carboidrati 12,7, proteine 24

Anacardi Turchia Medley

Tempo di preparazione: 10 minuti
Tempo di cottura: 40 minuti
Porzioni: 4

Ingredienti:
- 1 libbra di petto di tacchino, senza pelle, disossato e tagliato a cubetti
- 1 tazza di anacardi, tritati
- 1 cipolla gialla, tritata
- ½ cucchiaio di olio d'oliva
- Pepe nero al gusto
- ½ cucchiaino di paprika dolce
- 2 cucchiai e mezzo di burro di anacardi
- ¼ di tazza di brodo di pollo a basso contenuto di sodio
- 1 cucchiaio di coriandolo tritato

Indicazioni:
1. Scaldare una padella con l'olio a fuoco medio-alto, aggiungere la cipolla, mescolare e far rosolare per 5 minuti.
2. Aggiungere la carne e rosolarla per altri 5 minuti.
3. Aggiungere il resto degli ingredienti, mescolare, portare a ebollizione e cuocere a fuoco medio per 30 minuti.
4. Dividete l'intero mix tra i piatti e servite.

Nutrizione: calorie 352, grassi 12,7, fibre 6,2, carboidrati 33,2, proteine 13,5

Tacchino e bacche

Tempo di preparazione: 10 minuti
Tempo di cottura: 35 minuti
Porzioni: 4

Ingredienti:
- 2 libbre di petto di tacchino, senza pelle, disossato e tagliato a cubetti
- 1 cucchiaio di olio d'oliva
- 1 cipolla rossa, tritata
- 1 tazza di mirtilli rossi
- 1 tazza di brodo di pollo a basso contenuto di sodio
- ¼ di tazza di coriandolo, tritato
- Pepe nero al gusto

Indicazioni:
1. Riscaldare una pentola con l'olio a fuoco medio-alto, aggiungere la cipolla, mescolare e far rosolare per 5 minuti.
2. Aggiungere la carne, i frutti di bosco e gli altri ingredienti, portare a ebollizione e cuocere a fuoco medio per altri 30 minuti.
3. Dividete il composto tra i piatti e servite.

Nutrizione: calorie 293, grassi 7,3, fibre 2,8, carboidrati 14,7, proteine 39,3

Petto Di Pollo Di Cinque Spezie

Tempo di preparazione: 5 minuti
Tempo di cottura: 35 minuti
Porzioni: 4

Ingredienti:
- 1 tazza di pomodori, schiacciati
- 1 cucchiaino di cinque spezie
- 2 metà di petto di pollo, senza pelle, disossato e tagliato a metà
- 1 cucchiaio di olio di avocado
- 2 cucchiai di cocco aminos
- Pepe nero al gusto
- 1 cucchiaio di peperoncino
- 1 cucchiaio di coriandolo tritato

Indicazioni:
1. Riscaldare una padella con l'olio a fuoco medio, aggiungere la carne e farla rosolare per 2 minuti per lato.
2. Aggiungere i pomodori, cinque spezie e gli altri ingredienti, portare a ebollizione e cuocere a fuoco medio per 30 minuti.
3. Dividete l'intero mix tra i piatti e servite.

Nutrizione: calorie 244, grassi 8,4, fibre 1,1, carboidrati 4,5, proteine 31

Tacchino con verdure speziate

Tempo di preparazione: 10 minuti
Tempo di cottura: 17 minuti
Porzioni: 4

Ingredienti:
- 1 libbra di petto di tacchino, disossato, senza pelle e tagliato a cubetti
- 1 tazza di senape
- 1 cucchiaino di noce moscata, macinata
- 1 cucchiaino di pimento, macinato
- 1 cipolla gialla, tritata
- Pepe nero al gusto
- 1 cucchiaio di olio d'oliva

Indicazioni:
1. Scaldare una padella con l'olio a fuoco medio-alto, aggiungere la cipolla e la carne e far rosolare per 5 minuti.
2. Aggiungere il resto degli ingredienti, mescolare, cuocere a fuoco medio per altri 12 minuti, dividere tra i piatti e servire.

Nutrizione: calorie 270, grassi 8,4, fibre 8,32, carboidrati 33,3, proteine 9

Funghi Di Pollo E Peperoncino

Tempo di preparazione: 10 minuti
Tempo di cottura: 20 minuti
Porzioni: 4

Ingredienti:
- 2 petti di pollo, senza pelle, disossati e tagliati a metà
- ½ libbra di funghi bianchi, tagliati a metà
- 1 cucchiaio di olio d'oliva
- 1 tazza di pomodori in scatola, senza sale aggiunto, tritati
- 2 cucchiai di mandorle tritate
- 2 cucchiai di olio d'oliva
- ½ cucchiaino di peperoncino in scaglie
- Pepe nero al gusto

Indicazioni:
1. Riscaldare una padella con l'olio a fuoco medio-alto, aggiungere i funghi, mescolare e far rosolare per 5 minuti.
2. Aggiungere la carne, mescolare e cuocere per altri 5 minuti.
3. Aggiungere i pomodori e gli altri ingredienti, portare a ebollizione e cuocere a fuoco medio per 10 minuti.
4. Dividete il composto tra i piatti e servite.

Nutrizione: calorie 320, grassi 12,2, fibre 5,3, carboidrati 33,3, proteine 15

Chili Chicken and Tomatoes Carciofi

Tempo di preparazione: 10 minuti
Tempo di cottura: 20 minuti
Porzioni: 4

Ingredienti:
- 2 peperoncini rossi, tritati
- 1 cucchiaio di olio d'oliva
- 1 cipolla gialla, tritata
- 1 libbra di petti di pollo, senza pelle, disossati e tagliati a cubetti
- 1 tazza di pomodori, schiacciati
- 10 once di cuori di carciofi in scatola, scolati e tagliati in quarti
- Pepe nero al gusto
- ½ tazza di brodo di pollo a basso contenuto di sodio
- 2 cucchiai di succo di lime

Indicazioni:
1. Scaldare una padella con l'olio a fuoco medio, aggiungere la cipolla e i peperoncini, mescolare e far rosolare per 5 minuti.
2. Aggiungere la carne, mescolare e rosolare per altri 5 minuti.
3. Aggiungere il resto degli ingredienti, portare a ebollizione a fuoco medio e cuocere per 10 minuti.
4. Dividete il composto tra i piatti e servite.

Nutrizione: calorie 280, grassi 11,3, fibre 5, carboidrati 14,5, proteine 13,5

Mix di pollo e barbabietole

Tempo di preparazione: 10 minuti
Tempo di cottura: 0 minuti
Porzioni: 4

Ingredienti:
- 1 carota, sminuzzata
- 2 barbabietole, sbucciate e sminuzzate
- ½ tazza di maionese di avocado
- 1 tazza di petto di pollo affumicato, senza pelle, disossato, cotto e sminuzzato
- 1 cucchiaino di erba cipollina tritata

Indicazioni:
1. In una ciotola unire il pollo con le barbabietole e gli altri ingredienti, mescolare e servire subito.

Nutrizione: calorie 288, grassi 24,6, fibre 1,4, carboidrati 6,5, proteine 14

Tacchino con insalata di sedano

Tempo di preparazione: 4 minuti
Tempo di cottura: 0 minuti
Porzioni: 4

Ingredienti:
- 2 tazze di petto di tacchino, senza pelle, disossato, cotto e sminuzzato
- 1 tazza di gambi di sedano, tritati
- 2 cipollotti, tritati
- 1 tazza di olive nere, snocciolate e tagliate a metà
- 1 cucchiaio di olio d'oliva
- 1 cucchiaino di succo di lime
- 1 tazza di yogurt magro

Indicazioni:
1. In una ciotola unire il tacchino al sedano e gli altri ingredienti, mescolare e servire freddo.

Nutrizione: calorie 157, grassi 8, fibre 2, carboidrati 10,8, proteine 11,5

Mix di cosce di pollo e uva

Tempo di preparazione: 10 minuti
Tempo di cottura: 40 minuti
Porzioni: 4

Ingredienti:
- 1 carota, a cubetti
- 1 cipolla gialla, affettata
- 1 cucchiaio di olio d'oliva
- 1 tazza di pomodori, tagliati a cubetti
- ¼ di tazza di brodo di pollo a basso contenuto di sodio
- 2 spicchi d'aglio, tritati
- Cosce di pollo da 1 libbra, senza pelle e disossate
- 1 tazza di uva verde
- Pepe nero al gusto

Indicazioni:
1. Ungete una teglia con l'olio, disponete al suo interno le cosce di pollo e unitevi gli altri ingredienti.
2. Infornare a 390 gradi per 40 minuti, dividere tra i piatti e servire.

Nutrizione: calorie 289, grassi 12,1, fibre 1,7, carboidrati 10,3, proteine 33,9

Tacchino e Orzo Limone

Tempo di preparazione: 5 minuti
Tempo di cottura: 55 minuti
Porzioni: 4

Ingredienti:
- 1 cucchiaio di olio d'oliva
- 1 petto di tacchino, senza pelle, disossato e affettato
- Pepe nero al gusto
- 2 gambi di sedano, tritati
- 1 cipolla rossa, tritata
- 2 tazze di brodo di pollo a basso contenuto di sodio
- ½ tazza d'orzo
- 1 cucchiaino di scorza di limone grattugiata
- 1 cucchiaio di succo di limone
- 1 cucchiaio di erba cipollina tritata

Indicazioni:
1. Riscaldare una pentola con l'olio a fuoco medio-alto, aggiungere la carne e la cipolla, mescolare e far rosolare per 5 minuti.
2. Aggiungere il sedano e gli altri ingredienti, mescolare, portare a ebollizione, abbassare la fiamma a media, cuocere a fuoco lento per 50 minuti, dividere in ciotole e servire.

Nutrizione: calorie 150, grassi 4,5, fibre 4,9, carboidrati 20,8, proteine 7,5

Tacchino con barbabietole e mix di ravanelli

Tempo di preparazione: 10 minuti
Tempo di cottura: 35 minuti
Porzioni: 4

Ingredienti:
- 1 petto di tacchino, senza pelle, disossato e tagliato a cubetti
- 2 barbabietole rosse, pelate e tagliate a cubetti
- 1 tazza di ravanelli, a cubetti
- 1 cipolla rossa, tritata
- ¼ di tazza di brodo di pollo a basso contenuto di sodio
- Pepe nero al gusto
- 1 cucchiaio di olio d'oliva
- 2 cucchiai di erba cipollina tritata

Indicazioni:
1. Scaldare una padella con l'olio a fuoco medio-alto, aggiungere la carne e la cipolla, mescolare e far rosolare per 5 minuti.
2. Aggiungere le barbabietole, i ravanelli e gli altri ingredienti, portare a ebollizione e cuocere a fuoco medio per altri 30 minuti.
3. Dividete il composto tra i piatti e servite.

Nutrizione: calorie 113, grassi 4.4, fibre 2.3, carboidrati 10.4, proteine 8.8

Mix di maiale all'aglio

Tempo di preparazione: 10 minuti
Tempo di cottura: 45 minuti
Porzioni: 8

Ingredienti:
- 2 libbre di carne di maiale, disossata e tagliata a cubetti
- 1 cipolla rossa, tritata
- 1 cucchiaio di olio d'oliva
- 3 spicchi d'aglio, tritati
- 1 tazza di brodo di manzo a basso contenuto di sodio
- 2 cucchiai di paprika dolce
- Pepe nero al gusto
- 1 cucchiaio di erba cipollina tritata

Indicazioni:
1. Scaldare una padella con l'olio a fuoco medio, aggiungere la cipolla e la carne, mescolare e far rosolare per 5 minuti.
2. Aggiungere il resto degli ingredienti, mescolare, abbassare la fiamma a media, coprire e cuocere per 40 minuti.
3. Dividete il composto tra i piatti e servite.

Nutrizione: calorie 407, grassi 35,4, fibra 1, carboidrati 5, proteine 14,9

Maiale alla paprika con carote

Tempo di preparazione: 10 minuti
Tempo di cottura: 30 minuti
Porzioni: 4

Ingredienti:
- 1 libbra di carne di maiale in umido, a cubetti
- ¼ di tazza di brodo vegetale a basso contenuto di sodio
- 2 carote, sbucciate e affettate
- 2 cucchiai di olio d'oliva
- 1 cipolla rossa, affettata
- 2 cucchiaini di paprika dolce
- Pepe nero al gusto

Indicazioni:
1. Scaldare una padella con l'olio a fuoco medio, aggiungere la cipolla, mescolare e far rosolare per 5 minuti.
2. Aggiungere la carne, mescolare e rosolare per altri 5 minuti.
3. Aggiungere il resto degli ingredienti, portare a ebollizione e cuocere a fuoco medio per 20 minuti.
4. Dividete il composto tra i piatti e servite.

Nutrizione: calorie 328, grassi 18,1, fibre 1,8, carboidrati 6,4, proteine 34

Maiale allo zenzero e cipolle

Tempo di preparazione: 10 minuti
Tempo di cottura: 35 minuti
Porzioni: 4

Ingredienti:
- 2 cipolle rosse, affettate
- 2 cipolle verdi, tritate
- 1 cucchiaio di olio d'oliva
- 2 cucchiaini di zenzero grattugiato
- 4 costolette di maiale
- 3 spicchi d'aglio, tritati
- Pepe nero al gusto
- 1 carota, tritata
- 1 tazza di brodo di manzo a basso contenuto di sodio
- 2 cucchiai di concentrato di pomodoro
- 1 cucchiaio di coriandolo tritato

Indicazioni:
1. Riscaldare una padella con l'olio a fuoco medio, aggiungere le cipolle verdi e rosse, saltarle e farle rosolare per 3 minuti.
2. Aggiungere l'aglio e lo zenzero, mescolare e cuocere per altri 2 minuti.
3. Aggiungere le costolette di maiale e cuocerle per 2 minuti per lato.
4. Aggiungere il resto degli ingredienti, portare a ebollizione e cuocere a fuoco medio per altri 25 minuti.
5. Dividete il composto tra i piatti e servite.

Nutrizione: calorie 332, grassi 23,6, fibre 2,3, carboidrati 10,1, proteine 19,9

Maiale al cumino

Tempo di preparazione: 10 minuti
Tempo di cottura: 45 minuti
Porzioni: 4

Ingredienti:

- ½ tazza di brodo di manzo a basso contenuto di sodio
- 2 cucchiai di olio d'oliva
- 2 libbre di carne di maiale in umido, a cubetti
- 1 cucchiaino di coriandolo, macinato
- 2 cucchiaini di cumino, macinato
- Pepe nero al gusto
- 1 tazza di pomodorini, tagliati a metà
- 4 spicchi d'aglio, tritati
- 1 cucchiaio di coriandolo tritato

Indicazioni:

1. Scaldare una padella con l'olio a fuoco medio, aggiungere l'aglio e la carne, mescolare e far rosolare per 5 minuti.
2. Aggiungere il brodo e gli altri ingredienti, portare a ebollizione e cuocere a fuoco medio per 40 minuti.
3. Dividete tutto tra i piatti e servite.

Nutrizione: calorie 559, grassi 29,3, fibre 0,7, carboidrati 3,2, proteine 67,4

Carne di maiale e verdure miste

Tempo di preparazione: 10 minuti
Tempo di cottura: 20 minuti
Porzioni: 4

Ingredienti:
- 2 cucchiai di aceto balsamico
- 1/3 di tazza di aminoacidi al cocco
- 1 cucchiaio di olio d'oliva
- 4 once di insalata mista
- 1 tazza di pomodorini, tagliati a metà
- 4 once di carne di maiale in umido, tagliata a listarelle
- 1 cucchiaio di erba cipollina tritata

Indicazioni:
1. Riscaldare una padella con l'olio a fuoco medio, aggiungere il maiale, gli aminos e l'aceto, mescolare e cuocere per 15 minuti.
2. Aggiungere le verdure e gli altri ingredienti, mescolare, cuocere per altri 5 minuti, dividere tra i piatti e servire.

Nutrizione: calorie 125, grassi 6.4, fibre 0.6, carboidrati 6.8, proteine 9.1

Padella Di Maiale Al Timo

Tempo di preparazione: 10 minuti
Tempo di cottura: 25 minuti
Porzioni: 4

Ingredienti:
- 1 libbra di carne di maiale, tagliata e tagliata a cubetti
- 1 cucchiaio di olio d'oliva
- 1 cipolla gialla, tritata
- 3 spicchi d'aglio, tritati
- 1 cucchiaio di timo, essiccato
- 1 tazza di brodo di pollo a basso contenuto di sodio
- 2 cucchiai di concentrato di pomodoro a basso contenuto di sodio
- 1 cucchiaio di coriandolo tritato

Indicazioni:
1. Scaldare una padella con l'olio a fuoco medio-alto, aggiungere la cipolla e l'aglio, mescolare e cuocere per 5 minuti.
2. Aggiungere la carne, mescolare e cuocere per altri 5 minuti.
3. Aggiungere il resto degli ingredienti, mescolare, portare a ebollizione, abbassare la fiamma a media e cuocere il composto per altri 15 minuti.
4. Dividete il composto tra i piatti e servite subito.

Nutrizione: calorie 281, grassi 11,2, fibre 1,4, carboidrati 6,8, proteine 37,1

Maggiorana Maiale e Zucchine

Tempo di preparazione: 10 minuti
Tempo di cottura: 30 minuti
Porzioni: 4

Ingredienti:
- 2 libbre di lonza di maiale disossata, rifilata e tagliata a cubetti
- 2 cucchiai di olio di avocado
- ¾ tazza di brodo vegetale a basso contenuto di sodio
- ½ cucchiaio di aglio in polvere
- 1 cucchiaio di maggiorana tritata
- 2 zucchine, tagliate grossolanamente a cubetti
- 1 cucchiaino di paprika dolce
- Pepe nero al gusto

Indicazioni:
1. Scaldare una padella con l'olio a fuoco medio-alto, aggiungere la carne, l'aglio in polvere e la maggiorana, mescolare e cuocere per 10 minuti.
2. Aggiungere le zucchine e gli altri ingredienti, mescolare, portare a ebollizione, abbassare la fiamma a media e cuocere il composto per altri 20 minuti.
3. Dividete tutto tra i piatti e servite.

Nutrizione: calorie 359, grassi 9.1, fibre 2.1, carboidrati 5.7, proteine 61.4

Maiale Speziato

Tempo di preparazione: 10 minuti
Tempo di cottura: 8 ore
Porzioni: 4

Ingredienti:
- 3 cucchiai di olio d'oliva
- 2 libbre di spalla di maiale arrosto
- 2 cucchiaini di paprika dolce
- 1 cucchiaino di aglio in polvere
- 1 cucchiaino di cipolla in polvere
- 1 cucchiaino di noce moscata, macinata
- 1 cucchiaino di pimento, macinato
- Pepe nero al gusto
- 1 tazza di brodo vegetale a basso contenuto di sodio

Indicazioni:
1. Nella tua pentola a cottura lenta, unisci l'arrosto con l'olio e gli altri ingredienti, mescola, metti il coperchio e fai cuocere a Bassa per 8 ore.
2. Affettare l'arrosto, dividerlo tra i piatti e servire con il sugo di cottura spruzzato sopra.

Nutrizione: calorie 689, grassi 57,1, fibra 1, carboidrati 3,2, proteine 38,8

Maiale al cocco e sedano

Tempo di preparazione: 10 minuti
Tempo di cottura: 35 minuti
Porzioni: 4

Ingredienti:
- 2 libbre di carne di maiale in umido, a cubetti
- 2 cucchiai di olio d'oliva
- 1 tazza di brodo vegetale a basso contenuto di sodio
- 1 gambo di sedano, tritato
- 1 cucchiaino di pepe nero in grani
- 2 scalogni, tritati
- 1 cucchiaio di erba cipollina tritata
- 1 tazza di crema al cocco
- Pepe nero al gusto

Indicazioni:
1. Riscaldare una padella con l'olio a fuoco medio, aggiungere lo scalogno e la carne, mescolare e far rosolare per 5 minuti.
2. Aggiungere il sedano e gli altri ingredienti, mescolare, portare a ebollizione e cuocere a fuoco medio per altri 30 minuti.
3. Dividete tutto tra i piatti e servite subito.

Nutrizione: calorie 690, grassi 43,3, fibre 1,8, carboidrati 5,7, proteine 6,2

Misto Di Maiale E Pomodori

Tempo di preparazione: 10 minuti
Tempo di cottura: 30 minuti
Porzioni: 4

Ingredienti:
- 2 spicchi d'aglio, tritati
- 2 libbre di carne di maiale in umido, macinata
- 2 tazze di pomodorini, tagliati a metà
- 1 cucchiaio di olio d'oliva
- Pepe nero al gusto
- 1 cipolla rossa, tritata
- ½ tazza di brodo vegetale a basso contenuto di sodio
- 2 cucchiai di concentrato di pomodoro a basso contenuto di sodio
- 1 cucchiaio di prezzemolo tritato

Indicazioni:
1. Scaldare una padella con l'olio a fuoco medio, aggiungere la cipolla e l'aglio, mescolare e far rosolare per 5 minuti.
2. Aggiungere la carne e rosolarla per altri 5 minuti.
3. Aggiungere il resto degli ingredienti, mescolare, portare a ebollizione, cuocere a fuoco medio per altri 20 minuti, dividere in ciotole e servire.

Nutrizione: calorie 558, grassi 25,6, fibre 2,4, carboidrati 10,1, proteine 68,7

Costolette Di Maiale Alla Salvia

Tempo di preparazione: 10 minuti
Tempo di cottura: 35 minuti
Porzioni: 4

Ingredienti:
- 4 costolette di maiale
- 2 cucchiai di olio d'oliva
- 1 cucchiaino di paprika affumicata
- 1 cucchiaio di salvia, tritata
- 2 spicchi d'aglio, tritati
- 1 cucchiaio di succo di limone
- Pepe nero al gusto

Indicazioni:
1. In una pirofila unire le costolette di maiale con l'olio e gli altri ingredienti, mescolare, introdurre in forno e infornare a 400 gradi per 35 minuti.
2. Dividete le costolette di maiale tra i piatti e servite con un contorno di insalata.

Nutrizione: calorie 263, grassi 12,4, fibre 6, carboidrati 22,2, proteine 16

Carne di maiale e melanzane tailandesi

Tempo di preparazione: 10 minuti
Tempo di cottura: 30 minuti
Porzioni: 4

Ingredienti:
- 1 libbra di carne di maiale in umido, a cubetti
- 1 melanzana a cubetti
- 1 cucchiaio di cocco aminos
- 1 cucchiaino di cinque spezie
- 2 spicchi d'aglio, tritati
- 2 peperoncini tailandesi, tritati
- 2 cucchiai di olio d'oliva
- 2 cucchiai di concentrato di pomodoro a basso contenuto di sodio
- 1 cucchiaio di coriandolo tritato
- ½ tazza di brodo vegetale a basso contenuto di sodio

Indicazioni:
1. Scaldare una padella con l'olio a fuoco medio-alto, aggiungere l'aglio, i peperoncini e la carne e far rosolare per 6 minuti.
2. Aggiungere le melanzane e gli altri ingredienti, portare a ebollizione e cuocere a fuoco medio per 24 minuti.
3. Dividete il composto tra i piatti e servite.

Nutrizione: calorie 320, grassi 13,4, fibre 5,2, carboidrati 22,8, proteine 14

Scalogno di maiale e lime

Tempo di preparazione: 10 minuti
Tempo di cottura: 30 minuti
Porzioni: 4

Ingredienti:
- 2 cucchiai di succo di lime
- 4 scalogni, tritati
- 1 libbra di carne di maiale in umido, a cubetti
- 2 spicchi d'aglio, tritati
- 2 cucchiai di olio d'oliva
- Pepe nero al gusto
- ½ tazza di brodo vegetale a basso contenuto di sodio
- 1 cucchiaio di coriandolo tritato

Indicazioni:
1. Riscaldare una padella con l'olio a fuoco medio, aggiungere lo scalogno e l'aglio, mescolare e cuocere per 5 minuti.
2. Aggiungere la carne, mescolare e cuocere per altri 5 minuti.
3. Aggiungere il resto degli ingredienti, portare a ebollizione e cuocere a fuoco medio per 20 minuti.
4. Dividete il composto tra i piatti e servite.

Nutrizione: calorie 273, grassi 22,4, fibre 5, carboidrati 12,5, proteine 18

Maiale all'aceto balsamico

Tempo di preparazione: 10 minuti
Tempo di cottura: 30 minuti
Porzioni: 4

Ingredienti:
- 1 cipolla rossa, affettata
- 1 libbra di carne di maiale in umido, a cubetti
- 2 peperoncini rossi, tritati
- 2 cucchiai di aceto balsamico
- ½ tazza di foglie di coriandolo tritate
- Pepe nero al gusto
- 2 cucchiai di olio d'oliva
- 1 cucchiaio di salsa di pomodoro a basso contenuto di sodio

Indicazioni:
1. Scaldare una padella con l'olio a fuoco medio, aggiungere la cipolla e i peperoncini, mescolare e cuocere per 5 minuti.
2. Aggiungere la carne, mescolare e cuocere per altri 5 minuti.
3. Aggiungere il resto degli ingredienti, mescolare, portare a ebollizione e cuocere a fuoco medio per altri 20 minuti.
4. Dividete tutto tra i piatti e servite subito.

Nutrizione: calorie 331, grassi 13,3, fibre 5, carboidrati 22,7, proteine 17

Maiale al pesto

Tempo di preparazione: 10 minuti
Tempo di cottura: 36 minuti
Porzioni: 4

Ingredienti:
- 2 cucchiai di olio d'oliva
- 2 cipollotti, tritati
- Costolette di maiale da 1 libbra
- 2 cucchiai di pesto di basilico
- 1 tazza di pomodorini, a cubetti
- 2 cucchiai di concentrato di pomodoro a basso contenuto di sodio
- ½ tazza di prezzemolo tritato
- ½ tazza di brodo vegetale a basso contenuto di sodio
- Pepe nero al gusto

Indicazioni:
1. Riscaldare una padella con l'olio d'oliva a fuoco medio-alto, aggiungere i cipollotti e le costolette di maiale e far rosolare per 3 minuti per lato.
2. Aggiungere il pesto e gli altri ingredienti, mescolare delicatamente, portare a ebollizione e cuocere a fuoco medio per altri 30 minuti.
3. Dividete tutto tra i piatti e servite.

Nutrizione: calorie 293, grassi 11,3, fibre 4,2, carboidrati 22,2, proteine 14

Maiale con peperoni e prezzemolo

Tempo di preparazione: 10 minuti
Tempo di cottura: 1 ora
Porzioni: 4

Ingredienti:
- 1 peperone verde, tritato
- 1 peperone rosso, tritato
- 1 peperone giallo, tritato
- 1 cipolla rossa, tritata
- Costolette di maiale da 1 libbra
- 1 cucchiaio di olio d'oliva
- Pepe nero al gusto
- 26 once di pomodori in scatola, senza sale aggiunto e tritati
- 2 cucchiai di prezzemolo tritato

Indicazioni:
1. Ungete una teglia con l'olio, disponete le costolette di maiale e unitevi sopra gli altri ingredienti.
2. Infornare a 390 gradi per 1 ora, dividere il tutto tra i piatti e servire.

Nutrizione: calorie 284, grassi 11,6, fibre 2,6, carboidrati 22,2, proteine 14

Mix di agnello al cumino

Tempo di preparazione: 10 minuti
Tempo di cottura: 25 minuti
Porzioni: 4

Ingredienti:
- 1 cucchiaio di olio d'oliva
- 1 cipolla rossa, tritata
- 1 tazza di pomodorini, tagliati a metà
- 1 libbra di carne di stufato di agnello, macinata
- 1 cucchiaio di peperoncino in polvere
- Pepe nero al gusto
- 2 cucchiaini di cumino, macinato
- 1 tazza di brodo vegetale a basso contenuto di sodio
- 2 cucchiai di coriandolo tritato

Indicazioni:
1. Riscaldare una padella con l'olio a fuoco medio-alto, aggiungere la cipolla, l'agnello e il peperoncino in polvere, mescolare e cuocere per 10 minuti.
2. Aggiungere il resto degli ingredienti, mescolare e cuocere a fuoco medio per altri 15 minuti.
3. Dividete in ciotole e servite.

Nutrizione: calorie 320, grassi 12,7, fibre 6, carboidrati 14,3, proteine 22

Maiale con Ravanelli e Fagiolini

Tempo di preparazione: 10 minuti
Tempo di cottura: 35 minuti
Porzioni: 4

Ingredienti:
- 1 libbra di carne di maiale in umido, a cubetti
- 1 tazza di ravanelli, a cubetti
- ½ libbra di fagiolini, mondati e tagliati a metà
- 1 cipolla gialla, tritata
- 1 cucchiaio di olio d'oliva
- 2 spicchi d'aglio, tritati
- 1 tazza di pomodori in scatola, senza sale aggiunto e tritati
- 2 cucchiaini di origano essiccato
- Pepe nero al gusto

Indicazioni:
1. Scaldare una padella con l'olio a fuoco medio-alto, aggiungere la cipolla e l'aglio, mescolare e cuocere per 5 minuti.
2. Aggiungere la carne, mescolare e cuocere per altri 5 minuti.
3. Aggiungere il resto degli ingredienti, portare a ebollizione e cuocere a fuoco medio per 25 minuti.
4. Dividete il tutto in ciotole e servite.

Nutrizione: calorie 289, grassi 12, fibre 8, carboidrati 13,2, proteine 20

Finocchio Agnello e Funghi

Tempo di preparazione: 10 minuti
Tempo di cottura: 40 minuti
Porzioni: 4

Ingredienti:
- 1 libbra di spalla di agnello, disossata e tagliata a cubetti
- 8 funghi bianchi, tagliati a metà
- 2 cucchiai di olio d'oliva
- 1 cipolla gialla, tritata
- 2 spicchi d'aglio, tritati
- 1 cucchiaio e mezzo di finocchio in polvere
- Pepe nero al gusto
- Un mazzetto di scalogno, tritato
- 1 tazza di brodo vegetale a basso contenuto di sodio

Indicazioni:
1. Scaldare una padella con l'olio a fuoco medio, aggiungere la cipolla e l'aglio, mescolare e cuocere per 5 minuti.
2. Aggiungere la carne ei funghi, mescolare e cuocere per altri 5 minuti.
3. Aggiungere gli altri ingredienti, mescolare, portare a ebollizione e cuocere a fuoco medio per 30 minuti.
4. Dividete il composto in ciotole e servite.

Nutrizione: calorie 290, grassi 15,3, fibre 7, carboidrati 14,9, proteine 14

Padella di maiale e spinaci

Tempo di preparazione: 10 minuti
Tempo di cottura: 30 minuti
Porzioni: 4

Ingredienti:
- 1 libbra di maiale, macinata
- 2 cucchiai di olio d'oliva
- 1 cipolla rossa, tritata
- ½ libbra di spinaci baby
- 4 spicchi d'aglio, tritati
- ½ tazza di brodo vegetale a basso contenuto di sodio
- ½ tazza di pomodori in scatola, senza sale aggiunto, tritati
- Pepe nero al gusto
- 1 cucchiaio di erba cipollina tritata

Indicazioni:
1. Scaldare una padella con l'olio a fuoco medio-alto, aggiungere la cipolla e l'aglio, mescolare e cuocere per 5 minuti.
2. Aggiungere la carne, mescolare e rosolare per altri 5 minuti.
3. Aggiungere il resto degli ingredienti tranne gli spinaci, mescolare, portare a ebollizione, abbassare la fiamma a media e cuocere per 15 minuti.
4. Aggiungere gli spinaci, mescolare, cuocere il composto per altri 5 minuti, dividere il tutto in ciotole e servire.

Nutrizione: calorie 270, grassi 12, fibre 6, carboidrati 22,2, proteine 23

Maiale con Avocado

Tempo di preparazione: 10 minuti
Tempo di cottura: 15 minuti
Porzioni: 4

Ingredienti:
- 2 tazze di spinaci baby
- 1 libbra di bistecca di maiale, tagliata a strisce
- 1 cucchiaio di olio d'oliva
- 1 tazza di pomodorini, tagliati a metà
- 2 avocado, sbucciati, snocciolati e tagliati a spicchi
- 1 cucchiaio di aceto balsamico
- ½ tazza di brodo vegetale a basso contenuto di sodio

Indicazioni:
1. Riscaldare una padella con l'olio a fuoco medio-alto, aggiungere la carne, mescolare e cuocere per 10 minuti.
2. Aggiungere gli spinaci e gli altri ingredienti, mescolare, cuocere ancora per 5 minuti, dividere in ciotole e servire.

Nutrizione: calorie 390, grassi 12,5, fibre 4, carboidrati 16,8, proteine 13,5

Misto di maiale e mele

Tempo di preparazione: 10 minuti
Tempo di cottura: 40 minuti
Porzioni: 4

Ingredienti:
- 2 libbre di carne di maiale in umido, tagliata a listarelle
- 2 mele verdi, private del torsolo e tagliate a spicchi
- 2 spicchi d'aglio, tritati
- 2 scalogni, tritati
- 1 cucchiaio di paprika dolce
- ½ cucchiaino di peperoncino in polvere
- 2 cucchiai di olio di avocado
- 1 tazza di brodo di pollo a basso contenuto di sodio
- Pepe nero al gusto
- Un pizzico di peperoncino rosso in scaglie

Indicazioni:
1. Riscaldare una padella con l'olio a fuoco medio, aggiungere lo scalogno e l'aglio, mescolare e far rosolare per 5 minuti.
2. Aggiungere la carne e far rosolare per altri 5 minuti.
3. Aggiungere le mele e gli altri ingredienti, mescolare, portare a ebollizione e cuocere a fuoco medio per altri 30 minuti.
4. Dividete tutto tra i piatti e servite.

Nutrizione: calorie 365, grassi 7, fibre 6, carboidrati 15,6, proteine 32,4

Costolette Di Maiale Alla Cannella

Tempo di preparazione: 10 minuti
Tempo di cottura: 1 ora e 10 minuti
Porzioni: 4

Ingredienti:
- 4 costolette di maiale
- 2 cucchiai di olio d'oliva
- 2 spicchi d'aglio, tritati
- ¼ di tazza di brodo vegetale a basso contenuto di sodio
- 1 cucchiaio di cannella in polvere
- Pepe nero al gusto
- 1 cucchiaino di peperoncino in polvere
- ½ cucchiaino di cipolla in polvere

Indicazioni:
1. In una teglia unire le costolette di maiale con l'olio e gli altri ingredienti, mescolare, introdurre in forno e infornare a 390 gradi per 1 ora e 10 minuti.
2. Dividete le costolette di maiale tra i piatti e servite con un contorno di insalata.

Nutrizione: calorie 288, grassi 5,5, fibre 6, carboidrati 12,7, proteine 23

Costolette Di Maiale Al Cocco

Tempo di preparazione: 10 minuti
Tempo di cottura: 20 minuti
Porzioni: 4

Ingredienti:
- 2 cucchiai di olio d'oliva
- 4 costolette di maiale
- 1 cipolla gialla, tritata
- 1 cucchiaio di peperoncino in polvere
- 1 tazza di latte di cocco
- ¼ di tazza di coriandolo, tritato

Indicazioni:
1. Scaldare una padella con l'olio a fuoco medio-alto, aggiungere la cipolla e il peperoncino in polvere, mescolare e far rosolare per 5 minuti.
2. Aggiungere le costolette di maiale e rosolarle per 2 minuti per lato.
3. Aggiungere il latte di cocco, mescolare, portare a ebollizione e cuocere a fuoco medio per altri 11 minuti.
4. Aggiungere il coriandolo, mescolare, dividere il tutto in ciotole e servire.

Nutrizione: calorie 310, grassi 8, fibre 6, carboidrati 16,7, proteine 22,1

Misto Di Maiale Con Pesche

Tempo di preparazione: 10 minuti
Tempo di cottura: 25 minuti
Porzioni: 4

Ingredienti:
- 2 libbre di filetto di maiale, grossolanamente tagliato a cubetti
- 2 pesche, private del nocciolo e tagliate in quarti
- ¼ di cucchiaino di cipolla in polvere
- 2 cucchiai di olio d'oliva
- ¼ di cucchiaino di paprika affumicata
- ¼ di tazza di brodo vegetale a basso contenuto di sodio
- Pepe nero al gusto

Indicazioni:
1. Scaldare una padella con l'olio a fuoco medio, aggiungere la carne, mescolare e cuocere per 10 minuti.
2. Aggiungere le pesche e gli altri ingredienti, mescolare, portare a ebollizione e cuocere a fuoco medio per altri 15 minuti.
3. Dividete l'intero mix tra i piatti e servite.

Nutrizione: calorie 290, grassi 11,8, fibre 5,4, carboidrati 13,7, proteine 24

Agnello e Ravanelli al Cacao

Tempo di preparazione: 10 minuti
Tempo di cottura: 35 minuti
Porzioni: 4

Ingredienti:
- ½ tazza di brodo vegetale a basso contenuto di sodio
- 1 libbra di stufato di carne di agnello, a cubetti
- 1 tazza di ravanelli, a cubetti
- 1 cucchiaio di cacao in polvere
- Pepe nero al gusto
- 1 cipolla gialla, tritata
- 1 cucchiaio di olio d'oliva
- 2 spicchi d'aglio, tritati
- 1 cucchiaio di prezzemolo tritato

Indicazioni:
1. Riscaldare una padella con l'olio a fuoco medio-alto, aggiungere la cipolla e l'aglio, mescolare e far rosolare per 5 minuti.
2. Aggiungere la carne, mescolare e rosolare per 2 minuti per lato.
3. Aggiungere il brodo e gli altri ingredienti, mescolare, portare a ebollizione e cuocere a fuoco medio per altri 25 minuti.
4. Dividete tutto tra i piatti e servite.

Nutrizione: calorie 340, grassi 12,4, fibre 9,3, carboidrati 33,14, proteine 20

Maiale al Limone e Carciofi

Tempo di preparazione: 10 minuti
Tempo di cottura: 25 minuti
Porzioni: 4

Ingredienti:
- 2 libbre di carne di maiale in umido, tagliata a listarelle
- 2 cucchiai di olio di avocado
- 1 cucchiaio di succo di limone
- 1 cucchiaio di scorza di limone grattugiata
- 1 tazza di carciofi in scatola, scolati e tagliati in quarti
- 1 cipolla rossa, tritata
- 2 spicchi d'aglio, tritati
- ½ cucchiaino di peperoncino in polvere
- Pepe nero al gusto
- 1 cucchiaino di paprika dolce
- 1 jalapeno, tritato
- ¼ di tazza di brodo vegetale a basso contenuto di sodio
- ¼ di tazza di rosmarino tritato

Indicazioni:
1. Scaldate una padella con l'olio a fuoco medio-alto, aggiungete la cipolla e l'aglio, saltate e saltate per 4 minuti.
2. Aggiungere la carne, i carciofi, il peperoncino in polvere, il jalapeño e la paprika, mescolare e cuocere per altri 6 minuti.
3. Aggiungere il resto degli ingredienti, mescolare, portare a ebollizione e cuocere a fuoco medio per altri 15 minuti.
4. Dividete l'intero composto in ciotole e servite.

Nutrizione: calorie 350, grassi 12, fibre 4,3, carboidrati 35,7, proteine 14,5

Maiale con salsa al coriandolo

Tempo di preparazione: 10 minuti
Tempo di cottura: 20 minuti
Porzioni: 4

Ingredienti:
- 2 libbre di carne di maiale in umido, tagliata grossolanamente a cubetti
- 1 tazza di foglie di coriandolo
- 4 cucchiai di olio d'oliva
- 1 cucchiaio di pinoli
- 1 cucchiaio di parmigiano senza grassi, grattugiato
- 1 cucchiaio di succo di limone
- 1 cucchiaino di peperoncino in polvere
- Pepe nero al gusto

Indicazioni:
1. In un frullatore, unire il coriandolo con i pinoli, 3 cucchiai di olio, il parmigiano e il succo di limone e frullare bene.
2. Riscaldare una padella con l'olio rimasto a fuoco medio, aggiungere la carne, il peperoncino in polvere e il pepe nero, mescolare e far rosolare per 5 minuti.
3. Aggiungere la salsa di coriandolo e cuocere a fuoco medio per altri 15 minuti, mescolando di tanto in tanto.
4. Dividete la carne di maiale tra i piatti e servite subito.

Nutrizione: calorie 270, grassi 6,6, fibre 7, carboidrati 12,6, proteine 22,4

Maiale con Mango Mix

Tempo di preparazione: 10 minuti
Tempo di cottura: 25 minuti
Porzioni: 4

Ingredienti:
- 2 scalogni, tritati
- 2 cucchiai di olio di avocado
- 1 libbra di carne di maiale in umido, a cubetti
- 1 mango, sbucciato e tagliato a cubetti grossolani
- 2 spicchi d'aglio, tritati
- 1 tazza di pomodori e tritati
- Pepe nero al gusto
- ½ tazza di basilico tritato

Indicazioni:
1. Riscaldare una padella con l'olio a fuoco medio, aggiungere lo scalogno e l'aglio, mescolare e cuocere per 5 minuti.
2. Aggiungere la carne, mescolare e cuocere per altri 5 minuti.
3. Aggiungere il resto degli ingredienti, mescolare, portare a ebollizione e cuocere a fuoco medio per altri 15 minuti.
4. Dividete il composto in ciotole e servite.

Nutrizione: calorie 361, grassi 11, fibre 5.1, carboidrati 16,8, proteine 22

Maiale al rosmarino e patate dolci al limone

Tempo di preparazione: 10 minuti
Tempo di cottura: 35 minuti
Porzioni: 4

Ingredienti:
- 1 cipolla rossa, tagliata a spicchi
- 2 patate dolci, sbucciate e tagliate a spicchi
- 4 costolette di maiale
- 1 cucchiaio di rosmarino tritato
- 1 cucchiaio di succo di limone
- 2 cucchiaini di olio d'oliva
- Pepe nero al gusto
- 2 cucchiaini di timo, tritato
- ½ tazza di brodo vegetale a basso contenuto di sodio

Indicazioni:
1. In una teglia unire le costolette di maiale con le patate, la cipolla e gli altri ingredienti e mescolare delicatamente.
2. Infornare a 400 gradi per 35 minuti, dividere il tutto tra i piatti e servire.

Nutrizione: calorie 410, grassi 14,7, fibre 14,2, carboidrati 15,3, proteine 33,4

Maiale con Ceci

Tempo di preparazione: 10 minuti
Tempo di cottura: 25 minuti
Porzioni: 4

Ingredienti:
- 1 libbra di carne di maiale in umido, a cubetti
- 1 tazza di ceci in scatola, senza sale aggiunto, scolati
- 1 cipolla gialla, tritata
- 1 cucchiaio di olio d'oliva
- Pepe nero al gusto
- 10 once di pomodori in scatola, senza sale aggiunto e tritati
- 2 cucchiai di coriandolo tritato

Indicazioni:
1. Scaldate una padella con l'olio a fuoco medio-alto, aggiungete la cipolla, saltate e fate rosolare per 5 minuti.
2. Aggiungere la carne, mescolare e cuocere per altri 5 minuti.
3. Aggiungere il resto degli ingredienti, mescolare, cuocere a fuoco medio per 15 minuti, dividere il tutto in ciotole e servire.

Nutrizione: calorie 476, grassi 17,6, fibre 10,2, carboidrati 35,7, proteine 43,8

Costolette di agnello con cavolo riccio

Tempo di preparazione: 10 minuti
Tempo di cottura: 35 minuti
Porzioni: 4

Ingredienti:
- 1 tazza di cavolo nero, spezzettato
- Costolette di agnello da 1 libbra
- ½ tazza di brodo vegetale a basso contenuto di sodio
- 2 cucchiai di concentrato di pomodoro a basso contenuto di sodio
- 1 cipolla gialla, affettata
- 1 cucchiaio di olio d'oliva
- Un pizzico di pepe nero

Indicazioni:
1. Ungete una teglia con l'olio, disponete al suo interno le costolette di agnello, aggiungete anche il cavolo nero e gli altri ingredienti e mescolate delicatamente.
2. Cuocere il tutto a 390 gradi per 35 minuti, dividere tra i piatti e servire.

Nutrizione: calorie 275, grassi 11,8, fibre 1,4, carboidrati 7,3, proteine 33,6

Agnello al peperoncino

Tempo di preparazione: 10 minuti
Tempo di cottura: 45 minuti
Porzioni: 4

Ingredienti:
- 2 libbre di carne di agnello in umido, a cubetti
- 1 cucchiaio di olio di avocado
- 1 cucchiaino di peperoncino in polvere
- 1 cucchiaino di paprika piccante
- 2 cipolle rosse, tritate grossolanamente
- 1 tazza di brodo vegetale a basso contenuto di sodio
- ½ tazza di salsa di pomodoro a basso contenuto di sodio
- 1 cucchiaio di coriandolo tritato

Indicazioni:
1. Riscaldare una pentola con l'olio a fuoco medio, aggiungere la cipolla e la carne e far rosolare per 10 minuti.
2. Aggiungere il peperoncino in polvere e gli altri ingredienti tranne il coriandolo, mescolare, portare a ebollizione e cuocere a fuoco medio per altri 35 minuti.
3. Dividi il composto in ciotole e servi con il coriandolo cosparso sopra.

Nutrizione: calorie 463, grassi 17.3, fibre 2.3, carboidrati 8.4, proteine 65.1

Maiale con Porri alla Paprika

Tempo di preparazione: 10 minuti
Tempo di cottura: 45 minuti
Porzioni: 4

Ingredienti:
- 2 libbre di carne di maiale in umido, tagliata grossolanamente a cubetti
- 2 porri, affettati
- 2 cucchiai di olio d'oliva
- 2 spicchi d'aglio, tritati
- 1 cucchiaino di paprika dolce
- 1 cucchiaio di prezzemolo tritato
- 1 tazza di brodo vegetale a basso contenuto di sodio
- Pepe nero al gusto

Indicazioni:
1. Scaldare una padella con l'olio a fuoco medio, aggiungere i porri, l'aglio e la paprika, mescolare e cuocere per 10 minuti.
2. Aggiungere la carne e rosolarla per altri 5 minuti.
3. Aggiungere gli altri ingredienti, mescolare, cuocere a fuoco medio per 30 minuti, dividere il tutto in ciotole e servire.

Nutrizione: calorie 577, grassi 29,1, fibre 1,3, carboidrati 8,2, proteine 67,5

Costolette di maiale e taccole

Tempo di preparazione: 10 minuti
Tempo di cottura: 25 minuti
Porzioni: 4

Ingredienti:
- 4 costolette di maiale
- 2 cucchiai di olio d'oliva
- 2 scalogni, tritati
- 1 tazza di taccole
- 1 tazza di brodo vegetale a basso contenuto di sodio
- 2 cucchiai di concentrato di pomodoro senza sale
- 1 cucchiaio di prezzemolo tritato

Indicazioni:
1. Riscaldare una padella con l'olio a fuoco medio, aggiungere gli scalogni, mescolare e far rosolare per 5 minuti.
2. Aggiungere le costolette di maiale e far rosolare per 2 minuti su ogni lato.
3. Aggiungere il resto degli ingredienti, portare a ebollizione e cuocere a fuoco medio per 15 minuti.
4. Dividete il composto tra i piatti e servite.

Nutrizione: calorie 357, grassi 27, fibre 1.9, carboidrati 7,7, proteine 20,7

Maiale e Mais Menta

Tempo di preparazione: 10 minuti
Tempo di cottura: 1 ora
Porzioni: 4

Ingredienti:
- 4 costolette di maiale
- 1 tazza di brodo vegetale a basso contenuto di sodio
- 1 tazza di mais
- 1 cucchiaio di menta, tritata
- 1 cucchiaino di paprika dolce
- Pepe nero al gusto
- 1 cucchiaio di olio d'oliva

Indicazioni:
1. Mettere le costolette di maiale in una teglia, aggiungere il resto degli ingredienti, mescolare, introdurre in forno e infornare a 380 gradi per 1 ora.
2. Dividete tutto tra i piatti e servite.

Nutrizione: calorie 356, grassi 14, fibre 5,4, carboidrati 11,0, proteine 1

Aneto Di Agnello

Tempo di preparazione: 10 minuti
Tempo di cottura: 25 minuti
Porzioni: 4

Ingredienti:
- Succo di 2 lime
- 1 cucchiaio di scorza di lime, grattugiata
- 1 cucchiaio di aneto, tritato
- 2 spicchi d'aglio, tritati
- 2 cucchiai di olio d'oliva
- 2 libbre di carne di agnello, a cubetti
- 1 tazza di coriandolo, tritato
- Pepe nero al gusto

Indicazioni:
1. Scaldare una padella con l'olio a fuoco medio-alto, aggiungere l'aglio e la carne e far rosolare per 4 minuti per lato.
2. Aggiungere il succo di lime e gli altri ingredienti e cuocere per altri 15 minuti mescolando spesso.
3. Dividete tutto tra i piatti e servite.

Nutrizione: calorie 370, grassi 11,7, fibre 4,2, carboidrati 8,9, proteine 20

Costolette di maiale e olive pimento

Tempo di preparazione: 10 minuti
Tempo di cottura: 35 minuti
Porzioni: 4

Ingredienti:
- 4 costolette di maiale
- 2 cucchiai di olio d'oliva
- 1 tazza di olive kalamata, snocciolate e tagliate a metà
- 1 cucchiaino di pimento, macinato
- ¼ di tazza di latte di cocco
- 1 cipolla gialla, tritata
- 1 cucchiaio di erba cipollina tritata

Indicazioni:
1. Scaldare una padella con l'olio a fuoco medio, aggiungere la cipolla e la carne e far rosolare per 4 minuti da ogni lato.
2. Aggiungere il resto degli ingredienti, mescolare delicatamente, introdurre in forno e infornare a 390 gradi per altri 25 minuti.
3. Dividete tutto tra i piatti e servite.

Nutrizione: calorie 290, grassi 10, fibre 4.4, carboidrati 7,8, proteine 22

Costolette Di Agnello Italiane

Tempo di preparazione: 10 minuti
Tempo di cottura: 30 minuti
Porzioni: 4

Ingredienti:
- 4 costolette di agnello
- 1 cucchiaio di origano, tritato
- 1 cucchiaio di olio d'oliva
- 1 cipolla gialla, tritata
- 2 cucchiai di parmigiano magro, grattugiato
- 1/3 di tazza di brodo vegetale a basso contenuto di sodio
- Pepe nero al gusto
- 1 cucchiaino di condimento italiano

Indicazioni:
1. Scaldare una padella con l'olio a fuoco medio-alto, aggiungere le costolette di agnello e la cipolla e far rosolare per 4 minuti da ogni lato.
2. Aggiungere il resto degli ingredienti tranne il formaggio e mescolare.
3. Cospargere il formaggio, introdurre la teglia nel forno e infornare a 350 gradi per 20 minuti.
4. Dividete tutto tra i piatti e servite.

Nutrizione: calorie 280, grassi 17, fibre 5,5, carboidrati 11,2, proteine 14

Riso Di Maiale E Origano

Tempo di preparazione: 10 minuti
Tempo di cottura: 35 minuti
Porzioni: 4

Ingredienti:
- 1 cucchiaio di olio d'oliva
- 1 libbra di carne di maiale in umido, a cubetti
- 1 cucchiaio di origano, tritato
- 1 tazza di riso bianco
- 2 tazze di brodo di pollo a basso contenuto di sodio
- Pepe nero al gusto
- 2 spicchi d'aglio, tritati
- Succo di ½ limone
- 1 cucchiaio di coriandolo tritato

Indicazioni:
1. Riscaldare una pentola con l'olio a fuoco medio, aggiungere la carne e l'aglio e far rosolare per 5 minuti.
2. Aggiungere il riso, il brodo e gli altri ingredienti, portare a ebollizione e cuocere a fuoco medio per 30 minuti.
3. Dividete tutto tra i piatti e servite.

Nutrizione: calorie 330, grassi 13, fibre 5.2, carboidrati 13.4, proteine 22.2

Polpette Di Maiale

Tempo di preparazione: 10 minuti
Tempo di cottura: 30 minuti
Porzioni: 4

Ingredienti:
- 3 cucchiai di farina di mandorle
- 2 cucchiai di olio di avocado
- 2 uova, sbattute
- Pepe nero al gusto
- 2 libbre di maiale, macinato
- 1 cucchiaio di coriandolo tritato
- 10 once di salsa di pomodoro in scatola, senza sale aggiunto

Indicazioni:
1. In una ciotola, unire il maiale con la farina e gli altri ingredienti tranne la salsa e l'olio, mescolare bene e formare delle polpette medie con questo composto.
2. Scaldare una padella con l'olio a fuoco medio, aggiungere le polpette e far rosolare per 3 minuti per lato. Aggiungere la salsa, mescolare delicatamente, portare a ebollizione e cuocere a fuoco medio per altri 20 minuti.
3. Dividete il tutto in ciotole e servite.

Nutrizione: calorie 332, grassi 18, fibre 4, carboidrati 14,3, proteine 25

Maiale e Indivia

Tempo di preparazione: 10 minuti
Tempo di cottura: 35 minuti
Porzioni: 4

Ingredienti:
- 1 libbra di carne di maiale in umido, a cubetti
- 2 indivia, mondate e sminuzzate
- 1 tazza di brodo di manzo a basso contenuto di sodio
- 1 cucchiaino di peperoncino in polvere
- Un pizzico di pepe nero
- 1 cipolla rossa, tritata
- 1 cucchiaio di olio d'oliva

Indicazioni:
1. Scaldare una padella con l'olio a fuoco medio, aggiungere la cipolla e l'indivia, mescolare e cuocere per 5 minuti.
2. Aggiungere la carne, mescolare e cuocere per altri 5 minuti.
3. Aggiungere il resto degli ingredienti, portare a ebollizione e cuocere a fuoco medio per altri 25 minuti.
4. Dividete tutto tra i piatti e servite.

Nutrizione: calorie 330, grassi 12,6, fibre 4,2, carboidrati 10, proteine 22

Maiale ed erba cipollina Ravanello

Tempo di preparazione: 10 minuti
Tempo di cottura: 35 minuti
Porzioni: 4

Ingredienti:
- 1 tazza di ravanelli, a cubetti
- 1 libbra di carne di maiale in umido, a cubetti
- 1 cucchiaio di olio d'oliva
- 1 cipolla rossa, tritata
- 1 tazza di pomodori in scatola, senza sale aggiunto, schiacciati
- 1 cucchiaio di erba cipollina tritata
- 2 spicchi d'aglio, tritati
- Pepe nero al gusto
- 1 cucchiaino di aceto balsamico

Indicazioni:
1. Scaldare una padella con l'olio a fuoco medio, aggiungere la cipolla e l'aglio, mescolare e cuocere per 5 minuti.
2. Aggiungere la carne e far rosolare per altri 5 minuti.
3. Aggiungere i ravanelli e gli altri ingredienti, portare a ebollizione e cuocere a fuoco medio per altri 25 minuti.
4. Dividete il tutto in ciotole e servite.

Nutrizione: calorie 274, grassi 14, fibre 3,5, carboidrati 14,8, proteine 24,1

Polpette di Menta e Spinaci Sauté

Tempo di preparazione: 10 minuti
Tempo di cottura: 25 minuti
Porzioni: 4

Ingredienti:
- 1 libbra di carne di maiale in umido, macinata
- 1 cipolla gialla, tritata
- 1 uovo, sbattuto
- 1 cucchiaio di menta, tritata
- Pepe nero al gusto
- 2 spicchi d'aglio, tritati
- 2 cucchiai di olio d'oliva
- 1 tazza di pomodorini, tagliati a metà
- 1 tazza di spinaci baby
- ½ tazza di brodo vegetale a basso contenuto di sodio

Indicazioni:
1. In una ciotola unire la carne con la cipolla e gli altri ingredienti tranne l'olio, i pomodorini e gli spinaci, mescolare bene e formare delle polpette medie con questo composto.
2. Scaldare una padella con l'olio d'oliva a fuoco medio-alto, aggiungere le polpette e cuocerle per 5 minuti per lato.
3. Aggiungere gli spinaci, i pomodori e il brodo, mescolare e cuocere a fuoco lento per 15 minuti.
4. Dividete il tutto in ciotole e servite.

Nutrizione: calorie 320, grassi 13,4, fibre 6, carboidrati 15,8, proteine 12

Polpette e salsa di cocco

Tempo di preparazione: 10 minuti
Tempo di cottura: 20 minuti
Porzioni: 4

Ingredienti:
- 2 libbre di maiale, macinato
- Pepe nero al gusto
- ¾ tazza di farina di mandorle
- 2 uova sbattute
- 1 cucchiaio di prezzemolo tritato
- 2 cipolle rosse, tritate
- 2 cucchiai di olio d'oliva
- ½ tazza di crema al cocco
- Pepe nero al gusto

Indicazioni:
1. In una ciotola, mescolare il maiale con la farina di mandorle e gli altri ingredienti tranne le cipolle, l'olio e la panna, mescolare bene e formare delle polpette medie con questo composto.
2. Scaldare una padella con l'olio a fuoco medio, aggiungere le cipolle, mescolare e far rosolare per 5 minuti.
3. Aggiungere le polpette e cuocere per altri 5 minuti.
4. Aggiungere la crema di cocco, portare a ebollizione, cuocere il tutto per altri 10 minuti, dividere in ciotole e servire.

Nutrizione: calorie 435, grassi 23, fibre 14, carboidrati 33,2, proteine 12,65

Maiale alla curcuma e lenticchie

Tempo di preparazione: 10 minuti
Tempo di cottura: 25 minuti
Porzioni: 4

Ingredienti:
- 1 libbra di carne di maiale in umido, a cubetti
- ½ tazza di salsa di pomodoro, senza sale aggiunto
- 1 cipolla gialla, tritata
- 2 cucchiai di olio d'oliva
- 1 tazza di lenticchie in scatola, senza sale aggiunto, scolate
- 1 cucchiaino di curry in polvere
- 1 cucchiaino di curcuma in polvere
- Pepe nero al gusto

Indicazioni:
1. Scaldare una padella con l'olio a fuoco medio-alto, aggiungere la cipolla e la carne e far rosolare per 5 minuti.
2. Aggiungere la salsa e gli altri ingredienti, mescolare, far cuocere a fuoco medio per 20 minuti, dividere il tutto in ciotole e servire.

Nutrizione: calorie 367, grassi 23, fibre 6,9, carboidrati 22,1, proteine 22

Agnello saltato in padella

Tempo di preparazione: 10 minuti
Tempo di cottura: 25 minuti
Porzioni: 4

Ingredienti:
- 1 libbra di carne di agnello, macinata
- 1 cucchiaio di olio di avocado
- 1 peperone rosso, tagliato a listarelle
- 1 cipolla rossa, affettata
- 2 pomodori a cubetti
- 1 carota, a cubetti
- 2 finocchietti, affettati
- Pepe nero al gusto
- 2 cucchiai di aceto balsamico
- 1 cucchiaio di coriandolo tritato

Indicazioni:
1. Scaldare una padella con l'olio a fuoco medio-alto, aggiungere la cipolla e la carne e far rosolare per 5 minuti.
2. Aggiungere il peperone e gli altri ingredienti, mescolare, cuocere a fuoco medio per altri 20 minuti, dividere in ciotole e servire subito.

Nutrizione: calorie 367, grassi 14,3, fibre 4,3, carboidrati 15,8, proteine 16

Maiale con barbabietole

Tempo di preparazione: 10 minuti
Tempo di cottura: 30 minuti
Porzioni: 4

Ingredienti:
- 1 libbra di carne di maiale, a cubetti
- 2 barbabietole piccole, sbucciate e tagliate a cubetti
- 2 cucchiai di olio d'oliva
- 1 cipolla gialla, tritata
- 2 spicchi d'aglio, tritati
- Sale e pepe nero qb
- ½ tazza di crema al cocco.

Indicazioni:
1. Scaldare una padella con l'olio a fuoco medio-alto, aggiungere la cipolla e l'aglio, mescolare e cuocere per 5 minuti.
2. Aggiungere la carne e far rosolare per altri 5 minuti.
3. Aggiungere il resto degli ingredienti, portare a ebollizione e cuocere a fuoco medio per 20 minuti.
4. Dividete il composto tra i piatti e servite.

Nutrizione: calorie 311, grassi 14,3, fibre 4,5, carboidrati 15,2, proteine 17

Agnello e Cavolo

Tempo di preparazione: 10 minuti
Tempo di cottura: 35 minuti
Porzioni: 4

Ingredienti:
- 2 cucchiai di olio di avocado
- 1 libbra di stufato di carne di agnello, tagliata grossolanamente a cubetti
- 1 testa di cavolo verde, sminuzzata
- 1 tazza di pomodori in scatola, senza sale aggiunto, tritati
- 1 cipolla gialla, tritata
- 1 cucchiaino di timo, essiccato
- Pepe nero al gusto
- 2 spicchi d'aglio, tritati

1. **Indicazioni:**
2. Riscaldare una padella con l'olio a fuoco medio-alto, aggiungere la cipolla e l'aglio e far rosolare per 5 minuti.
3. Aggiungere la carne e far rosolare per altri 5 minuti.
4. Aggiungere il resto degli ingredienti, mescolare, portare a ebollizione e cuocere a fuoco medio per altri 25 minuti.
5. Dividete tutto tra i piatti e servite.

Nutrizione: calorie 325, grassi 11, fibre 6.1, carboidrati 11,7, proteine 16

Agnello con Mais e Gombo

Tempo di preparazione: 10 minuti
Tempo di cottura: 30 minuti
Porzioni: 4

Ingredienti:
- 1 libbra di stufato di carne di agnello, tagliata grossolanamente a cubetti
- 1 cipolla gialla, tritata
- 2 spicchi d'aglio, tritati
- 2 cucchiai di olio di avocado
- 1 tazza di gombo, tritato
- 1 tazza di mais
- 1 tazza di brodo vegetale a basso contenuto di sodio
- 1 cucchiaio di prezzemolo tritato

Indicazioni:
1. Scaldare una padella con l'olio a fuoco medio-alto, aggiungere la cipolla e l'aglio, mescolare e far rosolare per 5 minuti.
2. Aggiungere la carne, mescolare e cuocere per altri 5 minuti.
3. Aggiungere il resto degli ingredienti, mescolare, portare a ebollizione e cuocere a fuoco medio per 20 minuti.
4. Dividete il tutto in ciotole e servite.

Nutrizione: calorie 314, grassi 12, fibre 4.4, carboidrati 13,3, proteine 17

Senape Dragoncello Maiale

Tempo di preparazione: 10 minuti
Tempo di cottura: 8 ore
Porzioni: 4

Ingredienti:
- 2 libbre di arrosto di maiale, affettato
- 2 cucchiai di olio d'oliva
- Pepe nero al gusto
- 1 cucchiaio di dragoncello tritato
- 2 scalogni, tritati
- 1 tazza di brodo vegetale a basso contenuto di sodio
- 1 cucchiaio di timo, tritato
- 1 cucchiaio di senape

Indicazioni:
1. In una pentola a cottura lenta, unire l'arrosto con il pepe nero e gli altri ingredienti, mettere il coperchio e cuocere a Bassa per 8 ore.
2. Dividere l'arrosto di maiale tra i piatti, irrorare la salsa di senape e servire.

Nutrizione: calorie 305, grassi 14,5, fibre 5,4, carboidrati 15,7, proteine 18

Maiale con Germogli e Capperi

Tempo di preparazione: 10 minuti
Tempo di cottura: 35 minuti
Porzioni: 4

Ingredienti:
- 2 cucchiai di olio d'oliva
- 1 tazza di brodo vegetale a basso contenuto di sodio
- 2 cucchiai di capperi, scolati
- Costolette di maiale da 1 libbra
- 1 tazza di germogli di soia
- 1 cipolla gialla, tagliata a spicchi
- Pepe nero al gusto

Indicazioni:
1. Scaldare una padella con l'olio a fuoco medio-alto, aggiungere la cipolla e la carne e far rosolare per 5 minuti.
2. Aggiungere il resto degli ingredienti, introdurre la teglia nel forno e infornare a 390 gradi per 30 minuti.
3. Dividete tutto tra i piatti e servite.

Nutrizione: calorie 324, grassi 12,5, fibre 6,5, carboidrati 22,2, proteine 15,6

Maiale con cavoletti di Bruxelles

Tempo di preparazione: 10 minuti
Tempo di cottura: 35 minuti
Porzioni: 4

Ingredienti:
- 2 libbre di carne di maiale in umido, a cubetti
- ¼ di tazza di salsa di pomodoro a basso contenuto di sodio
- Pepe nero al gusto
- ½ libbra di cavoletti di Bruxelles, tagliati a metà
- 1 cucchiaio di olio d'oliva
- 2 cipollotti, tritati
- 1 cucchiaio di coriandolo tritato

Indicazioni:
1. Scaldare una padella con l'olio a fuoco medio-alto, aggiungere le cipolle ei germogli e far rosolare per 5 minuti.
2. Aggiungere la carne e gli altri ingredienti, portare a ebollizione e cuocere a fuoco medio per altri 30 minuti.
3. Dividete tutto tra i piatti e servite.

Nutrizione: calorie 541, grassi 25,6, fibre 2,6, carboidrati 6,5, proteine 68,7

Mix di maiale e fagiolini piccanti

Tempo di preparazione: 10 minuti
Tempo di cottura: 20 minuti
Porzioni: 4

Ingredienti:
- 1 cipolla gialla, tritata
- 2 libbre di carne di maiale, tagliata a listarelle
- ½ libbra di fagiolini, mondati e tagliati a metà
- 1 peperone rosso, tritato
- Pepe nero al gusto
- 1 cucchiaio di olio d'oliva
- ¼ di tazza di peperoncino rosso, tritato
- 1 tazza di brodo vegetale a basso contenuto di sodio

Indicazioni:
1. Scaldare una padella con l'olio a fuoco medio-alto, aggiungere la cipolla e far rosolare per 5 minuti.
2. Aggiungere la carne e far rosolare per altri 5 minuti.
3. Aggiungere il resto degli ingredienti, mescolare, cuocere per 10 minuti a fuoco medio, dividere tra i piatti e servire.

Nutrizione: calorie 347, grassi 24,8, fibre 3,3, carboidrati 18,1, proteine 15.2

Agnello con Quinoa

Tempo di preparazione: 10 minuti
Tempo di cottura: 30 minuti
Porzioni: 4

Ingredienti:
    1 tazza di quinoa
    2 tazze di brodo di pollo a basso contenuto di sodio
    1 cucchiaio di olio d'oliva
    1 tazza di crema al cocco
    2 libbre di carne di agnello in umido, a cubetti
    2 scalogni, tritati
    2 spicchi d'aglio, tritati
    Pepe nero al gusto
    Un pizzico di peperoncino a scaglie, schiacciato

Indicazioni:
1. Riscaldare una pentola con l'olio a fuoco medio-alto, aggiungere lo scalogno e l'aglio, mescolare e far rosolare per 5 minuti.
2. Aggiungere la carne e far rosolare per altri 5 minuti.
3. Aggiungere il resto degli ingredienti, mescolare, portare a ebollizione, abbassare la fiamma a media e cuocere per 20 minuti.
4. Dividete le ciotole e servite.

Nutrizione: calorie 755, grassi 37, fibre 4.4, carboidrati 32, proteine 71,8

Pan di Agnello e Bok Choy

Tempo di preparazione: 10 minuti
Tempo di cottura: 30 minuti
Porzioni: 4

Ingredienti:
- 1 tazza di brodo di pollo a basso contenuto di sodio
- 1 tazza di bok choy, spezzettato
- 1 libbra di stufato di carne di agnello, tagliata grossolanamente a cubetti
- 2 cucchiai di olio di avocado
- 1 cipolla gialla, tritata
- 1 carota, tritata
- Pepe nero al gusto

Indicazioni:
1. Scaldare una padella con l'olio a fuoco medio-alto, aggiungere la cipolla e la carota e far rosolare per 5 minuti.
2. Aggiungere la carne e far rosolare per altri 5 minuti.
3. Aggiungere il resto degli ingredienti, portare a ebollizione e cuocere a fuoco medio per 20 minuti.
4. Dividete tutto tra i piatti e servite.

Nutrizione: calorie 360, grassi 14,5, fibre 5, carboidrati 22,4, proteine 16

Maiale con Okra e Olive

Tempo di preparazione: 10 minuti
Tempo di cottura: 35 minuti
Porzioni: 4

Ingredienti:
- ½ tazza di brodo vegetale a basso contenuto di sodio
- 1 tazza di gombo, tagliato
- 1 tazza di olive nere, snocciolate e tagliate a metà
- 2 cucchiai di olio d'oliva
- 4 costolette di maiale
- 1 cipolla rossa, tagliata a spicchi
- Pepe nero al gusto
- ½ cucchiaio di peperone rosso a scaglie
- 3 cucchiai di cocco aminos

Indicazioni:
1. Ungete una teglia con l'olio e disponete al suo interno le costolette di maiale.
2. Aggiungere il resto degli ingredienti, mescolare delicatamente e infornare a 390 gradi F per 35 minuti.
3. Dividete tutto tra i piatti e servite.

Nutrizione: calorie 310, grassi 14,6, fibre 6, carboidrati 20,4, proteine 16

Orzo di Maiale e Capperi

Tempo di preparazione: 10 minuti
Tempo di cottura: 35 minuti
Porzioni: 4

Ingredienti:
- 1 tazza d'orzo
- 2 tazze di brodo di pollo a basso contenuto di sodio
- 1 libbra di carne di maiale in umido, a cubetti
- 1 cipolla rossa, affettata
- 1 cucchiaio di olio d'oliva
- Pepe nero al gusto
- 1 cucchiaino di fieno greco in polvere
- 1 cucchiaio di erba cipollina tritata
- 1 cucchiaio di capperi, scolati

Indicazioni:
1. Scaldare una padella con l'olio a fuoco medio-alto, aggiungere la cipolla e la carne e far rosolare per 5 minuti.
2. Aggiungere l'orzo e gli altri ingredienti, mescolare, portare a ebollizione cuocere a fuoco medio per 30 minuti.
3. Dividete il tutto in ciotole e servite.

Nutrizione: calorie 447, grassi 15,6, fibre 8,6, carboidrati 36,5, proteine 39,8

Misto Di Maiale E Cipolle Verdi

Tempo di preparazione: 10 minuti
Tempo di cottura: 40 minuti
Porzioni: 5

Ingredienti:
- 1 libbra di carne di maiale, a cubetti
- 1 cucchiaio di olio di avocado
- 1 cipolla gialla, tritata
- 1 mazzetto di cipolla verde, tritata
- 4 spicchi d'aglio, tritati
- 1 tazza di salsa di pomodoro a basso contenuto di sodio
- Pepe nero al gusto

Indicazioni:
1. Scaldare una padella con l'olio a fuoco medio-alto, aggiungere la cipolla e le cipolle verdi, mescolare e cuocere per 5 minuti.
2. Aggiungere la carne, mescolare e cuocere per altri 5 minuti.
3. Aggiungere il resto degli ingredienti, mescolare e cuocere a fuoco medio per altri 30 minuti.
4. Dividete il tutto in ciotole e servite.

Nutrizione: calorie 206, grassi 8,6, fibre 1,8, carboidrati 7,2, proteine 23,4

Maiale Noce Moscata e Fagioli Neri

Tempo di preparazione: 5 minuti
Tempo di cottura: 40 minuti
Porzioni: 8

Ingredienti:
- 2 cucchiai di olio d'oliva
- 1 tazza di fagioli neri in scatola, senza sale aggiunto, scolati
- 1 cipolla gialla, tritata
- 1 tazza di pomodori in scatola, senza sale aggiunto, tritati
- 2 libbre di carne di maiale in umido, a cubetti
- 2 spicchi d'aglio, tritati
- Pepe nero al gusto
- ½ cucchiaino di noce moscata, macinata

Indicazioni:
1. Scaldare una padella con l'olio a fuoco medio, aggiungere la cipolla e l'aglio e far rosolare per 5 minuti.
2. Aggiungere la carne, mescolare e cuocere per altri 5 minuti.
3. Aggiungere il resto degli ingredienti, mescolare, portare a ebollizione e cuocere a fuoco medio per 30 minuti.
4. Dividete il composto in ciotole e servite.

Nutrizione: calorie 365, grassi 14,9, fibre 4,3, carboidrati 17,6, proteine 38,8

Insalata Di Salmone E Pesche

Tempo di preparazione: 10 minuti
Tempo di cottura: 0 minuti
Porzioni: 4

Ingredienti:
- 2 filetti di salmone affumicato, disossati, senza pelle e tagliati a cubetti
- 2 pesche, private del nocciolo e tagliate a cubetti
- 1 cucchiaino di olio d'oliva
- Un pizzico di pepe nero
- 2 tazze di spinaci baby
- ½ cucchiaio di aceto balsamico
- 1 cucchiaio di succo di limone
- 1 cucchiaio di coriandolo tritato

Indicazioni:
1. In un'insalatiera unire il salmone con le pesche e gli altri ingredienti, mescolare e servire freddo.

Nutrizione: calorie 133, grassi 7.1, fibre 1.5, carboidrati 8.2, proteine 1.7

Capperi di salmone e aneto

Tempo di preparazione: 10 minuti
Tempo di cottura: 15 minuti
Porzioni: 4

Ingredienti:
- 2 cucchiai di olio d'oliva
- 4 filetti di salmone disossati
- 1 cucchiaio di capperi, scolati
- 1 cucchiaio di aneto, tritato
- 1 scalogno, tritato
- ½ tazza di crema al cocco
- Un pizzico di pepe nero

Indicazioni:
1. Scaldare una padella con l'olio a fuoco medio-alto, aggiungere lo scalogno ei capperi, mescolare e saltare per 4 minuti.
2. Aggiungere il salmone e cuocere per 3 minuti per lato.
3. Aggiungere il resto degli ingredienti, cuocere il tutto ancora per 5 minuti, dividere tra i piatti e servire.

Nutrizione: calorie 369, grassi 25,2, fibre 0,9, carboidrati 2,7, proteine 35,5

Insalata Di Salmone E Cetriolo

Tempo di preparazione: 10 minuti
Tempo di cottura: 0 minuti
Porzioni: 4

Ingredienti:
- 2 cucchiai di olio d'oliva
- ½ cucchiaino di succo di limone
- ½ cucchiaino di scorza di limone grattugiata
- Un pizzico di pepe nero
- 1 tazza di olive nere, snocciolate e tagliate a metà
- 1 tazza di cetriolo, a cubetti
- ½ libbra di salmone affumicato, disossato e tagliato a cubetti
- 1 cucchiaio di erba cipollina tritata

Indicazioni:
1. In un'insalatiera unire il salmone con le olive e gli altri ingredienti, mescolare e servire.

Nutrizione: calorie 170, grassi 13,1, fibre 1,3, carboidrati 3,2, proteine 10,9

Tonno e Scalogno

Tempo di preparazione: 10 minuti
Tempo di cottura: 15 minuti
Porzioni: 4

Ingredienti:
- 4 filetti di tonno disossati e senza pelle
- 1 cucchiaio di olio d'oliva
- 2 scalogni, tritati
- 2 cucchiai di succo di lime
- Un pizzico di pepe nero
- 1 cucchiaino di paprika dolce
- ½ tazza di brodo di pollo a basso contenuto di sodio

Indicazioni:
1. Riscaldare una padella con l'olio a fuoco medio-alto, aggiungere lo scalogno e far rosolare per 3 minuti.
2. Aggiungere il pesce e cuocere per 4 minuti per lato.
3. Aggiungere il resto degli ingredienti, cuocere il tutto ancora per 3 minuti, dividere tra i piatti e servire.

Nutrizione: calorie 404, grassi 34,6, fibre 0,3, carboidrati 3, proteine 21,4

Miscela di merluzzo alla menta

Tempo di preparazione: 10 minuti
Tempo di cottura: 17 minuti
Porzioni: 4

Ingredienti:
- 2 cucchiai di olio d'oliva
- 1 cucchiaio di succo di limone
- 1 cucchiaio di menta, tritata
- 4 filetti di merluzzo, disossati
- 1 cucchiaino di scorza di limone grattugiata
- Un pizzico di pepe nero
- ¼ di tazza di scalogno, tritato
- ½ tazza di brodo di pollo a basso contenuto di sodio

Indicazioni:
1. Scaldare una padella con l'olio a fuoco medio, aggiungere gli scalogni, mescolare e far rosolare per 5 minuti.
2. Aggiungere il baccalà, il succo di limone e gli altri ingredienti, portare a ebollizione e cuocere a fuoco medio per 12 minuti.
3. Dividete tutto tra i piatti e servite.

Nutrizione: calorie 160, grassi 8.1, fibre 0.2, carboidrati 2, proteine 20.5

Merluzzo e Pomodori

Tempo di preparazione: 10 minuti
Tempo di cottura: 16 minuti
Porzioni: 4

Ingredienti:
- 2 cucchiai di olio d'oliva
- 2 spicchi d'aglio, tritati
- ½ tazza di brodo vegetale a basso contenuto di sodio
- 4 filetti di merluzzo, disossati
- 1 tazza di pomodorini, tagliati a metà
- 2 cucchiai di succo di lime
- Un pizzico di pepe nero
- 1 cucchiaio di erba cipollina tritata

Indicazioni:
1. Scaldare una padella con l'olio a fuoco medio-alto, aggiungere l'aglio e il pesce e cuocere per 3 minuti per lato.
2. Aggiungere il resto degli ingredienti, portare a ebollizione e cuocere a fuoco medio per altri 10 minuti.
3. Dividete tutto tra i piatti e servite.

Nutrizione: calorie 169, grassi 8.1, fibre 0,8, carboidrati 4,7, proteine 20,7

Tonno alla Paprika

Tempo di preparazione: 4 minuti
Tempo di cottura: 10 minuti
Porzioni: 4

Ingredienti:
- 2 cucchiai di olio d'oliva
- 4 bistecche di tonno disossate
- 2 cucchiaini di paprika dolce
- ½ cucchiaino di peperoncino in polvere
- Un pizzico di pepe nero

Indicazioni:
1. Scaldare una padella con l'olio a fuoco medio-alto, aggiungere le bistecche di tonno, condire con paprika, pepe nero e peperoncino in polvere, cuocere per 5 minuti per lato, dividere tra i piatti e servire con contorno di insalata.

Nutrizione: calorie 455, grassi 20,6, fibre 0,5, carboidrati 0,8, proteine 63,8

Orange Cod

Tempo di preparazione: 5 minuti
Tempo di cottura: 12 minuti
Porzioni: 4

Ingredienti:
- 1 cucchiaio di prezzemolo tritato
- 4 filetti di merluzzo, disossati
- 1 tazza di succo d'arancia
- 2 cipollotti, tritati
- 1 cucchiaino di scorza d'arancia grattugiata
- 1 cucchiaio di olio d'oliva
- 1 cucchiaino di aceto balsamico
- Un pizzico di pepe nero

Indicazioni:
1. Riscaldare una padella con l'olio a fuoco medio, aggiungere i cipollotti e far rosolare per 2 minuti.
2. Aggiungere il pesce e gli altri ingredienti, cuocere 5 minuti per parte, dividere il tutto tra i piatti e servire.

Nutrizione: calorie 152, grassi 4.7, fibre 0.4, carboidrati 7.2, proteine 20.6

Salmone Al Basilico

Tempo di preparazione: 5 minuti
Tempo di cottura: 14 minuti
Porzioni: 4

Ingredienti:
- 2 cucchiai di olio d'oliva
- 4 filetti di salmone, senza pelle
- 2 spicchi d'aglio, tritati
- Un pizzico di pepe nero
- 2 cucchiai di aceto balsamico
- 2 cucchiai di basilico tritato

Indicazioni:
1. Riscaldare una padella con l'olio d'oliva, aggiungere il pesce e cuocere per 4 minuti per lato.
2. Aggiungere il resto degli ingredienti, cuocere il tutto per altri 6 minuti.
3. Dividete tutto tra i piatti e servite.

Nutrizione: calorie 300, grassi 18, fibre 0,1, carboidrati 0,6, proteine 34,7

Baccalà e Salsa Bianca

Tempo di preparazione: 10 minuti
Tempo di cottura: 15 minuti
Porzioni: 4

Ingredienti:
- 2 cucchiai di olio d'oliva
- 4 filetti di merluzzo, disossati e senza pelle
- 1 scalogno, tritato
- ½ tazza di crema al cocco
- 3 cucchiai di yogurt magro
- 2 cucchiai di aneto, tritato
- Un pizzico di pepe nero
- 1 spicchio d'aglio tritato

Indicazioni:
1. Riscaldare una padella con l'olio a fuoco medio, aggiungere gli scalogni e far rosolare per 5 minuti.
2. Aggiungere il pesce e gli altri ingredienti e cuocere per altri 10 minuti.
3. Dividete tutto tra i piatti e servite.

Nutrizione: calorie 252, grassi 15,2, fibre 0,9, carboidrati 7,7, proteine 22,3

Mix di halibut e ravanelli

Tempo di preparazione: 10 minuti
Tempo di cottura: 15 minuti
Porzioni: 4

Ingredienti:
- 2 scalogni, tritati
- 4 filetti di halibut disossati
- 1 tazza di ravanelli, tagliati a metà
- 1 tazza di pomodori, tagliati a cubetti
- 1 cucchiaio di olio d'oliva
- 1 cucchiaio di coriandolo tritato
- 2 cucchiaini di succo di limone
- Un pizzico di pepe nero

Indicazioni:
1. Ungete una teglia con l'olio e disponeteci dentro il pesce.
2. Aggiungere il resto degli ingredienti, introdurre in forno e infornare a 400 gradi per 15 minuti.
3. Dividete tutto tra i piatti e servite.

Nutrizione: calorie 231, grassi 7,8, fibre 6, carboidrati 11,9, proteine 21,1

Mandorle Salmone Mix

Tempo di preparazione: 10 minuti
Tempo di cottura: 15 minuti
Porzioni: 4

Ingredienti:
- 2 cucchiai di olio d'oliva
- ½ tazza di mandorle tritate
- 4 filetti di salmone disossati
- 1 scalogno, tritato
- ½ tazza di brodo vegetale a basso contenuto di sodio
- 2 cucchiai di prezzemolo tritato
- Pepe nero al gusto

Indicazioni:
1. Riscaldare una padella con l'olio a fuoco medio, aggiungere lo scalogno e far rosolare per 4 minuti.
2. Aggiungere il salmone e gli altri ingredienti, cuocere per 5 minuti per lato, dividere il tutto tra i piatti e servire.

Nutrizione: calorie 240, grassi 6.4, fibre 2.6, carboidrati 11.4, proteine 15

Merluzzo e Broccoli

Tempo di preparazione: 10 minuti
Tempo di cottura: 20 minuti
Porzioni: 4

Ingredienti:
- 2 cucchiai di cocco aminos
- Cimette di broccoli da 1 libbra
- 4 filetti di merluzzo, disossati
- 1 cipolla rossa, tritata
- 2 cucchiai di olio d'oliva
- ¼ di tazza di brodo di pollo a basso contenuto di sodio
- Pepe nero al gusto

Indicazioni:
1. Scaldare una padella con l'olio a fuoco medio, aggiungere la cipolla e i broccoli e cuocere per 5 minuti.
2. Aggiungere il pesce e gli altri ingredienti, cuocere ancora per 20 minuti, dividere il tutto tra i piatti e servire.

Nutrizione: calorie 220, grassi 14,3, fibre 6,3, carboidrati 16,2, proteine 9

Miscela di branzino allo zenzero

Tempo di preparazione: 10 minuti
Tempo di cottura: 15 minuti
Porzioni: 4

Ingredienti:
- 1 cucchiaio di aceto balsamico
- 1 cucchiaio di zenzero, grattugiato
- 2 cucchiai di olio d'oliva
- Pepe nero al gusto
- 4 filetti di branzino, disossati
- 1 cucchiaio di coriandolo tritato

Indicazioni:
1. Riscaldare una padella con l'olio a fuoco medio, aggiungere il pesce e cuocere per 5 minuti per lato.
2. Aggiungere il resto degli ingredienti, cuocere il tutto ancora per 5 minuti, dividere il tutto tra i piatti e servire.

Nutrizione: calorie 267, grassi 11,2, fibre 5,2, carboidrati 14,3, proteine 14,3

Mix di gamberi e ananas

Tempo di preparazione: 10 minuti
Tempo di cottura: 10 minuti
Porzioni: 4

Ingredienti:
- 1 cucchiaio di olio d'oliva
- 1 libbra di gamberetti, pelati e puliti
- 1 tazza di ananas, sbucciato e tagliato a cubetti
- Succo di 1 limone
- Un mazzetto di prezzemolo tritato

Indicazioni:
1. Riscaldare una padella con l'olio a fuoco medio, aggiungere i gamberi e cuocere per 3 minuti per lato.
2. Aggiungere il resto degli ingredienti, cuocere il tutto ancora per 4 minuti, dividere in ciotole e servire.

Nutrizione: calorie 254, grassi 13,3, fibre 6, carboidrati 14,9, proteine 11

Salmone e Olive Verdi

Tempo di preparazione: 10 minuti
Tempo di cottura: 20 minuti
Porzioni: 4

Ingredienti:
- 1 cipolla gialla, tritata
- 1 tazza di olive verdi, snocciolate e tagliate a metà
- 1 cucchiaino di peperoncino in polvere
- Pepe nero al gusto
- 2 cucchiai di olio d'oliva
- ¼ di tazza di brodo vegetale a basso contenuto di sodio
- 4 filetti di salmone, senza pelle e disossati
- 2 cucchiai di erba cipollina tritata

Indicazioni:
1. Riscaldare una padella con l'olio a fuoco medio-alto, aggiungere la cipolla e far rosolare per 3 minuti.
2. Aggiungere il salmone e cuocere per 5 minuti per lato. Aggiungere il resto degli ingredienti, cuocere per altri 5 minuti, dividere tra i piatti e servire.

Nutrizione: calorie 221, grassi 12,1, fibre 5,4, carboidrati 8,5, proteine 11,2

Salmone e Finocchio

Tempo di preparazione: 5 minuti
Tempo di cottura: 15 minuti
Porzioni: 4

Ingredienti:
- 4 filetti di salmone medi, senza pelle e disossati
- 1 finocchio, tritato
- ½ tazza di brodo vegetale a basso contenuto di sodio
- 2 cucchiai di olio d'oliva
- Pepe nero al gusto
- ¼ di tazza di brodo vegetale a basso contenuto di sodio
- 1 cucchiaio di succo di limone
- 1 cucchiaio di coriandolo tritato

Indicazioni:
1. Scaldare una padella con l'olio a fuoco medio, aggiungere i finocchi e cuocere per 3 minuti.
2. Aggiungere il pesce e farlo rosolare per 4 minuti per lato.
3. Aggiungere il resto degli ingredienti, cuocere il tutto per altri 4 minuti, dividere tra i piatti e servire.

Nutrizione: calorie 252, grassi 9.3, fibre 4.2, carboidrati 12.3, proteine 9

Baccalà e Asparagi

Tempo di preparazione: 10 minuti
Tempo di cottura: 14 minuti
Porzioni: 4

Ingredienti:
- 1 cucchiaio di olio d'oliva
- 1 cipolla rossa, tritata
- 1 libbra di filetti di merluzzo, disossati
- 1 mazzetto di asparagi, mondati
- Pepe nero al gusto
- 1 tazza di crema al cocco
- 1 cucchiaio di erba cipollina tritata

Indicazioni:
1. Scaldare una padella con l'olio a fuoco medio, aggiungere la cipolla e il baccalà e cuocere per 3 minuti per lato.
2. Aggiungere il resto degli ingredienti, cuocere il tutto per altri 8 minuti, dividere tra i piatti e servire.

Nutrizione: calorie 254, grassi 12,1, fibre 5,4, carboidrati 4,2, proteine 13,5

Gamberetti speziati

Tempo di preparazione: 5 minuti
Tempo di cottura: 8 minuti
Porzioni: 4

Ingredienti:
- 1 cucchiaino di aglio in polvere
- 1 cucchiaino di paprika affumicata
- 1 cucchiaino di cumino, macinato
- 1 cucchiaino di pimento, macinato
- 2 cucchiai di olio d'oliva
- 2 libbre di gamberetti, pelati e puliti
- 1 cucchiaio di erba cipollina tritata

Indicazioni:
1. Scaldare una padella con l'olio a fuoco medio, unire i gamberi, l'aglio in polvere e gli altri ingredienti, cuocere per 4 minuti per lato, dividere in ciotole e servire.

Nutrizione: calorie 212, grassi 9.6, fibre 5.3, carboidrati 12.7, proteine 15.4

Branzino e Pomodori

Tempo di preparazione: 10 minuti
Tempo di cottura: 30 minuti
Porzioni: 4

Ingredienti:
- 2 cucchiai di olio d'oliva
- 2 libbre di filetti di branzino, senza pelle e disossati
- Pepe nero al gusto
- 2 tazze di pomodorini, tagliati a metà
- 1 cucchiaio di erba cipollina tritata
- 1 cucchiaio di scorza di limone grattugiata
- ¼ di tazza di succo di limone

Indicazioni:
1. Ungete una teglia con l'olio e disponeteci dentro il pesce.
2. Aggiungere i pomodori e gli altri ingredienti, introdurre la teglia in forno e infornare a 380 gradi per 30 minuti.
3. Dividete tutto tra i piatti e servite.

Nutrizione: calorie 272, grassi 6,9, fibre 6,2, carboidrati 18,4, proteine 9

Gamberetti e Fagioli

Tempo di preparazione: 10 minuti
Tempo di cottura: 12 minuti
Porzioni: 4

Ingredienti:
- 1 libbra di gamberetti, sgusciati e pelati
- 1 cucchiaio di olio d'oliva
- Succo di 1 lime
- 1 tazza di fagioli neri in scatola, senza sale aggiunto, scolati
- 1 scalogno, tritato
- 1 cucchiaio di origano, tritato
- 2 spicchi d'aglio, tritati
- Pepe nero al gusto

Indicazioni:
1. Scaldare una padella con l'olio a fuoco medio-alto, aggiungere lo scalogno e l'aglio, mescolare e cuocere per 3 minuti.
2. Aggiungere i gamberi e cuocere per 2 minuti per lato.
3. Aggiungere i fagioli e gli altri ingredienti, cuocere il tutto a fuoco medio per altri 5 minuti, dividere in ciotole e servire.

Nutrizione: calorie 253, grassi 11,6, fibre 6, carboidrati 14,5, proteine 13,5

Mix di gamberi e rafano

Tempo di preparazione: 5 minuti
Tempo di cottura: 8 minuti
Porzioni: 4

Ingredienti:
- 1 libbra di gamberetti, pelati e puliti
- 2 scalogni, tritati
- 1 cucchiaio di olio d'oliva
- 1 cucchiaio di erba cipollina tritata
- 2 cucchiaini di rafano preparato
- ¼ di tazza di crema al cocco
- Pepe nero al gusto

Indicazioni:
4 Riscaldare una padella con l'olio a fuoco medio, aggiungere lo scalogno e il rafano, mescolare e far rosolare per 2 minuti.
5 Aggiungere i gamberi e gli altri ingredienti, mescolare, cuocere per altri 6 minuti, dividere tra i piatti e servire.

Nutrizione: calorie 233, grassi 6, fibre 5, carboidrati 11,9, proteine 5,4

Insalata di gamberi e dragoncello

Tempo di preparazione: 4 minuti
Tempo di cottura: 0 minuti
Porzioni: 4

Ingredienti:
- 1 libbra di gamberetti, cotti, pelati e sgusciati
- 1 cucchiaio di dragoncello tritato
- 1 cucchiaio di capperi, scolati
- 2 cucchiai di olio d'oliva
- Pepe nero al gusto
- 2 tazze di spinaci baby
- 1 cucchiaio di aceto balsamico
- 1 cipolla rossa piccola, affettata
- 2 cucchiai di succo di limone

Indicazioni:
4 In una ciotola, unire i gamberi con il dragoncello e gli altri ingredienti, mescolare e servire.

Nutrizione: calorie 258, grassi 12,4, fibre 6, carboidrati 6,7, proteine 13,3

Mix di merluzzo al parmigiano

Tempo di preparazione: 10 minuti
Tempo di cottura: 20 minuti
Porzioni: 4

Ingredienti:
- 4 filetti di merluzzo, disossati
- ½ tazza di parmigiano a basso contenuto di grassi, sminuzzato
- 3 spicchi d'aglio, tritati
- 1 cucchiaio di olio d'oliva
- 1 cucchiaio di succo di limone
- ½ tazza di cipolla verde, tritata

Indicazioni:
1. Riscaldare una padella con l'olio a fuoco medio, aggiungere l'aglio e le cipolle verdi, mescolare e far rosolare per 5 minuti.
2. Aggiungere il pesce e cuocere per 4 minuti per lato.
3. Aggiungere il succo di limone, spolverare con il parmigiano, cuocere il tutto per altri 2 minuti, dividere tra i piatti e servire.

Nutrizione: calorie 275, grassi 22,1, fibre 5, carboidrati 18,2, proteine 12

Mix di tilapia e cipolla rossa

Tempo di preparazione: 10 minuti
Tempo di cottura: 15 minuti
Porzioni: 4

Ingredienti:
- 4 filetti di tilapia disossati
- 2 cucchiai di olio d'oliva
- 1 cucchiaio di succo di limone
- 2 cucchiaini di scorza di limone grattugiata
- 2 cipolle rosse, tritate grossolanamente
- 3 cucchiai di erba cipollina tritata

Indicazioni:
1. Scaldare una padella con l'olio a fuoco medio, aggiungere le cipolle, la scorza di limone e il succo di limone, mescolare e far rosolare per 5 minuti.
2. Aggiungere il pesce e l'erba cipollina, cuocere per 5 minuti per lato, dividere tra i piatti e servire.

Nutrizione: calorie 254, grassi 18,2, fibre 5,4, carboidrati 11,7, proteine 4,5

Insalata di trote

Tempo di preparazione: 6 minuti
Tempo di cottura: 0 minuti
Porzioni: 4

Ingredienti:
- 4 once di trota affumicata, senza pelle, disossata e tagliata a cubetti
- 1 cucchiaio di succo di lime
- 1/3 di tazza di yogurt magro
- 2 avocado, sbucciati, snocciolati e tagliati a cubetti
- 3 cucchiai di erba cipollina tritata
- Pepe nero al gusto
- 1 cucchiaio di olio d'oliva

Indicazioni:
1. In una ciotola, unire la trota con gli avocado e gli altri ingredienti, mescolare e servire.

Nutrizione: calorie 244, grassi 9,45, fibre 5,6, carboidrati 8,5, proteine 15

Trota Balsamica

Tempo di preparazione: 5 minuti
Tempo di cottura: 15 minuti
Porzioni: 4

Ingredienti:
- 3 cucchiai di aceto balsamico
- 2 cucchiai di olio d'oliva
- 4 filetti di trota, disossati
- 3 cucchiai di prezzemolo tritato finemente
- 2 spicchi d'aglio, tritati

Indicazioni:
1. Scaldare una padella con l'olio a fuoco medio, aggiungere le trote e cuocere per 6 minuti per lato.
2. Aggiungere il resto degli ingredienti, cuocere ancora per 3 minuti, dividere tra i piatti e servire con contorno di insalata.

Nutrizione: calorie 314, grassi 14,3, fibre 8,2, carboidrati 14,8, proteine 11,2

Salmone Prezzemolo

Tempo di preparazione: 5 minuti
Tempo di cottura: 12 minuti
Porzioni: 4

Ingredienti:
- 2 cipollotti, tritati
- 2 cucchiaini di succo di lime
- 1 cucchiaio di erba cipollina, tritata
- 1 cucchiaio di olio d'oliva
- 4 filetti di salmone disossati
- Pepe nero al gusto
- 2 cucchiai di prezzemolo tritato

Indicazioni:
1. Scaldare una padella con l'olio a fuoco medio, aggiungere i cipollotti, mescolare e far rosolare per 2 minuti.
2. Aggiungere il salmone e gli altri ingredienti, cuocere 5 minuti per lato, dividere tra i piatti e servire.

Nutrizione: calorie 290, grassi 14,4, fibre 5,6, carboidrati 15,6, proteine 9,5

Insalata di trote e verdure

Tempo di preparazione: 5 minuti
Tempo di cottura: 0 minuti
Porzioni: 4

Ingredienti:
- 2 cucchiai di olio d'oliva
- ½ tazza di olive kalamata, snocciolate e tritate
- Pepe nero al gusto
- 1 libbra di trota affumicata, disossata, senza pelle e tagliata a cubetti
- ½ cucchiaino di scorza di limone grattugiata
- 1 cucchiaio di succo di limone
- 1 tazza di pomodorini, tagliati a metà
- ½ cipolla rossa, affettata
- 2 tazze di rucola baby

Indicazioni:
1. In una ciotola unire la trota affumicata con le olive, il pepe nero e gli altri ingredienti, mescolare e servire.

Nutrizione: calorie 282, grassi 13,4, fibre 5,3, carboidrati 11,6, proteine 5,6

Salmone allo zafferano

Tempo di preparazione: 10 minuti
Tempo di cottura: 12 minuti
Porzioni: 4

Ingredienti:
- Pepe nero al gusto
- ½ cucchiaino di paprika dolce
- 4 filetti di salmone disossati
- 3 cucchiai di olio d'oliva
- 1 cipolla gialla, tritata
- 2 spicchi d'aglio, tritati
- ¼ di cucchiaino di zafferano in polvere

Indicazioni:
1. Scaldare una padella con l'olio a fuoco medio-alto, aggiungere la cipolla e l'aglio, mescolare e far rosolare per 2 minuti.
2. Aggiungere il salmone e gli altri ingredienti, cuocere 5 minuti per lato, dividere tra i piatti e servire.

Nutrizione: calorie 339, grassi 21,6, fibre 0,7, carboidrati 3,2, proteine 35

Insalata di gamberi e anguria

Tempo di preparazione: 10 minuti
Tempo di cottura: 0 minuti
Porzioni: 4

Ingredienti:
- ¼ di tazza di basilico tritato
- 2 tazze di anguria, sbucciata e tagliata a cubetti
- 2 cucchiai di aceto balsamico
- 2 cucchiai di olio d'oliva
- 1 libbra di gamberetti, pelati, puliti e cotti
- Pepe nero al gusto
- 1 cucchiaio di prezzemolo tritato

Indicazioni:
1. In una ciotola unire i gamberi con l'anguria e gli altri ingredienti, mescolare e servire.

Nutrizione: calorie 220, grassi 9, fibre 0,4, carboidrati 7,6, proteine 26,4

Insalata di origano gamberetti e quinoa

Tempo di preparazione: 5 minuti
Tempo di cottura: 8 minuti
Porzioni: 4

Ingredienti:
- 1 libbra di gamberetti, pelati e puliti
- 1 tazza di quinoa, cotta
- Pepe nero al gusto
- 1 cucchiaio di olio d'oliva
- 1 cucchiaio di origano, tritato
- 1 cipolla rossa, tritata
- Succo di 1 limone

Indicazioni:
1. Scaldare una padella con l'olio a fuoco medio-alto, aggiungere la cipolla, mescolare e far rosolare per 2 minuti.
2. Aggiungere i gamberi, mescolare e cuocere per 5 minuti.
3. Aggiungere il resto degli ingredienti, mescolare, dividere il tutto in ciotole e servire.

Nutrizione: calorie 336, grassi 8.2, fibre 4.1, carboidrati 32,3, proteine 32,3

Insalata Di Granchio

Tempo di preparazione: 10 minuti
Tempo di cottura: 0 minuti
Porzioni: 4

Ingredienti:
- 1 cucchiaio di olio d'oliva
- 2 tazze di polpa di granchio
- Pepe nero al gusto
- 1 tazza di pomodorini, tagliati a metà
- 1 scalogno, tritato
- 1 cucchiaio di succo di limone
- 1/3 di tazza di coriandolo, tritato

Indicazioni:
1. In una ciotola unire il granchio ai pomodori e agli altri ingredienti, mescolare e servire.

Nutrizione: calorie 54, grassi 3,9, fibre 0,6, carboidrati 2,6, proteine 2,3

Capesante Balsamiche

Tempo di preparazione: 4 minuti
Tempo di cottura: 6 minuti
Porzioni: 4

Ingredienti:
- 12 once di capesante di mare
- 2 cucchiai di olio d'oliva
- 2 spicchi d'aglio, tritati
- 1 cucchiaio di aceto balsamico
- 1 tazza di scalogno, affettato
- 2 cucchiai di coriandolo tritato

Indicazioni:
1. Riscaldare una padella con l'olio a fuoco medio, aggiungere lo scalogno e l'aglio e far rosolare per 2 minuti.
2. Aggiungere le capesante e gli altri ingredienti, cuocerle per 2 minuti per lato, dividere tra i piatti e servire.

Nutrizione: calorie 146, grassi 7,7, fibre 0,7, carboidrati 4,4, proteine 14,8

Mix cremoso di passere

Tempo di preparazione: 10 minuti
Tempo di cottura: 20 minuti
Porzioni: 4

Ingredienti:
- 2 cucchiai di olio d'oliva
- 1 cipolla rossa, tritata
- Pepe nero al gusto
- ½ tazza di brodo vegetale a basso contenuto di sodio
- 4 filetti di passera disossata
- ½ tazza di crema al cocco
- 1 cucchiaio di aneto, tritato

Indicazioni:
1. Scaldare una padella con l'olio a fuoco medio, aggiungere la cipolla, mescolare e far rosolare per 5 minuti.
2. Aggiungere il pesce e cuocere per 4 minuti per lato.
3. Aggiungere il resto degli ingredienti, cuocere per altri 7 minuti, dividere tra i piatti e servire.

Nutrizione: calorie 232, grassi 12,3, fibre 4, carboidrati 8,7, proteine 12

Salmone piccante e mix di mango

Tempo di preparazione: 5 minuti
Tempo di cottura: 0 minuti
Porzioni: 4

Ingredienti:
- 1 libbra di salmone affumicato, disossato, senza pelle e in fiocchi
- Pepe nero al gusto
- 1 cipolla rossa, tritata
- 1 mango, sbucciato, senza semi e tritato
- 2 peperoni jalapeno, tritati
- ¼ di tazza di prezzemolo tritato
- 3 cucchiai di succo di lime
- 1 cucchiaio di olio d'oliva

Indicazioni:
2. In una ciotola mescolate il salmone con il pepe nero e gli altri ingredienti, saltate e servite.

Nutrizione: calorie 323, grassi 14,2, fibre 4, carboidrati 8,5, proteine 20,4

Mix di gamberetti all'aneto

Tempo di preparazione: 5 minuti
Tempo di cottura: 0 minuti
Porzioni: 4

Ingredienti:
- 2 cucchiaini di succo di limone
- 1 cucchiaio di olio d'oliva
- 1 cucchiaio di aneto, tritato
- 1 libbra di gamberetti, cotti, pelati e sgusciati
- Pepe nero al gusto
- 1 tazza di ravanelli, a cubetti

Indicazioni:
1. In una ciotola unire i gamberi con il succo di limone e gli altri ingredienti, mescolare e servire.

Nutrizione: calorie 292, grassi 13, fibre 4.4, carboidrati 8, proteine 16.4

Patè Di Salmone

Tempo di preparazione: 4 minuti
Tempo di cottura: 0 minuti
Porzioni: 6

Ingredienti:
- 6 once di salmone affumicato, disossato, senza pelle e sminuzzato
- 2 cucchiai di yogurt magro
- 3 cucchiaini di succo di limone
- 2 cipollotti, tritati
- 8 once di crema di formaggio magro
- ¼ di tazza di coriandolo, tritato

Indicazioni:
1. In una ciotola mescolate il salmone con lo yogurt e gli altri ingredienti, frullate e servite freddo.

Nutrizione: calorie 272, grassi 15,2, fibre 4,3, carboidrati 16,8, proteine 9,9

Gamberetti ai Carciofi

Tempo di preparazione: 4 minuti
Tempo di cottura: 8 minuti
Porzioni: 4

Ingredienti:
- 2 cipolle verdi, tritate
- 1 tazza di carciofi in scatola, senza sale aggiunto, scolati e tagliati in quarti
- 2 cucchiai di coriandolo tritato
- 1 libbra di gamberetti, pelati e puliti
- 1 tazza di pomodorini, a cubetti
- 1 cucchiaio di olio d'oliva
- 1 cucchiaio di aceto balsamico
- Un pizzico di sale e pepe nero

Indicazioni:
1. Scaldare una padella con l'olio a fuoco medio, aggiungere le cipolle ei carciofi, mescolare e cuocere per 2 minuti.
2. Aggiungere i gamberi, mescolare e cuocere a fuoco medio per 6 minuti.
3. Dividete il tutto in ciotole e servite.

Nutrizione: calorie 260, grassi 8,23, fibre 3,8, carboidrati 14,3, proteine 12,4

Gamberetti con salsa al limone

Tempo di preparazione: 5 minuti
Tempo di cottura: 8 minuti
Porzioni: 4

Ingredienti:
- 1 libbra di gamberetti, pelati e puliti
- 2 cucchiai di olio d'oliva
- La scorza di 1 limone grattugiata
- Succo di ½ limone
- 1 cucchiaio di erba cipollina tritata

Indicazioni:
1. Riscaldare una padella con l'olio a fuoco medio-alto, aggiungere la scorza di limone, il succo di limone e il coriandolo, mescolare e cuocere per 2 minuti.
2. Aggiungere i gamberi, cuocere il tutto per altri 6 minuti, dividere tra i piatti e servire.

Nutrizione: calorie 195, grassi 8,9, fibre 0, carboidrati 1,8, proteine 25,9

Tonno e Arancia Mix

Tempo di preparazione: 5 minuti
Tempo di cottura: 12 minuti
Porzioni: 4

Ingredienti:
- 4 filetti di tonno disossati
- Pepe nero al gusto
- 2 cucchiai di olio d'oliva
- 2 scalogni, tritati
- 3 cucchiai di succo d'arancia
- 1 arancia, sbucciata e tagliata a spicchi
- 1 cucchiaio di origano, tritato

Indicazioni:
1. Riscaldare una padella con l'olio a fuoco medio-alto, aggiungere gli scalogni, mescolare e far rosolare per 2 minuti.
2. Aggiungere il tonno e gli altri ingredienti, cuocere il tutto ancora per 10 minuti, dividere tra i piatti e servire.

Nutrizione: calorie 457, grassi 38,2, fibre 1,6, carboidrati 8,2, proteine 21,8

Salmone al curry

Tempo di preparazione: 10 minuti
Tempo di cottura: 20 minuti
Porzioni: 4

Ingredienti:
- 1 libbra di filetto di salmone, disossato e tagliato a cubetti
- 3 cucchiai di pasta di curry rosso
- 1 cipolla rossa, tritata
- 1 cucchiaino di paprika dolce
- 1 tazza di crema al cocco
- 1 cucchiaio di olio d'oliva
- Pepe nero al gusto
- ½ tazza di brodo di pollo a basso contenuto di sodio
- 3 cucchiai di basilico tritato

Indicazioni:
1. Riscaldare una padella con l'olio a fuoco medio-alto, aggiungere la cipolla, la paprika e la pasta di curry, mescolare e cuocere per 5 minuti.
2. Aggiungere il salmone e gli altri ingredienti, mescolare delicatamente, cuocere a fuoco medio per 15 minuti, dividere in ciotole e servire.

Nutrizione: calorie 377, grassi 28,3, fibre 2,1, carboidrati 8,5, proteine 23,9

Salmone e Carote Mix

Tempo di preparazione: 10 minuti
Tempo di cottura: 15 minuti
Porzioni: 4

Ingredienti:
- 4 filetti di salmone disossati
- 1 cipolla rossa, tritata
- 2 carote, affettate
- 2 cucchiai di olio d'oliva
- 2 cucchiai di aceto balsamico
- Pepe nero al gusto
- 2 cucchiai di erba cipollina tritata
- ¼ di tazza di brodo vegetale a basso contenuto di sodio

Indicazioni:
1. Scaldare una padella con l'olio a fuoco medio, aggiungere la cipolla e le carote, mescolare e far rosolare per 5 minuti.
2. Aggiungere il salmone e gli altri ingredienti, cuocere il tutto ancora per 10 minuti, dividere tra i piatti e servire.

Nutrizione: calorie 322, grassi 18, fibre 1.4, carboidrati 6, proteine 35.2

Mix di gamberetti e pinoli

Tempo di preparazione: 10 minuti
Tempo di cottura: 10 minuti
Porzioni: 4

Ingredienti:
- 1 libbra di gamberetti, pelati e puliti
- 2 cucchiai di pinoli
- 1 cucchiaio di succo di lime
- 2 cucchiai di olio d'oliva
- 3 spicchi d'aglio, tritati
- Pepe nero al gusto
- 1 cucchiaio di timo, tritato
- 2 cucchiai di erba cipollina, tritata finemente

Indicazioni:
1. Scaldare una padella con l'olio a fuoco medio-alto, aggiungere l'aglio, il timo, i pinoli e il succo di lime, mescolare e cuocere per 3 minuti.
2. Aggiungere i gamberi, il pepe nero e l'erba cipollina, mescolare, cuocere per altri 7 minuti, dividere tra i piatti e servire.

Nutrizione: calorie 290, grassi 13, fibre 4,5, carboidrati 13,9, proteine 10

Chili Cod e Fagiolini

Tempo di preparazione: 10 minuti
Tempo di cottura: 14 minuti
Porzioni: 4

Ingredienti:
- 4 filetti di merluzzo, disossati
- ½ libbra di fagiolini, mondati e tagliati a metà
- 1 cucchiaio di succo di lime
- 1 cucchiaio di scorza di lime, grattugiata
- 1 cipolla gialla, tritata
- 2 cucchiai di olio d'oliva
- 1 cucchiaino di cumino, macinato
- 1 cucchiaino di peperoncino in polvere
- ½ tazza di brodo vegetale a basso contenuto di sodio
- Un pizzico di sale e pepe nero

Indicazioni:
1. Riscaldare una padella con l'olio a fuoco medio-alto, aggiungere la cipolla, mescolare e cuocere per 2 minuti.
2. Aggiungere il pesce e cuocere per 3 minuti per lato.
3. Aggiungere i fagiolini e il resto degli ingredienti, mescolare delicatamente, cuocere per altri 7 minuti, dividere tra i piatti e servire.

Nutrizione: calorie 220, grassi 13, carboidrati 14,3, fibre 2,3, proteine 12

Capesante all'aglio

Tempo di preparazione: 5 minuti
Tempo di cottura: 8 minuti
Porzioni: 4

Ingredienti:
- 12 capesante
- 1 cipolla rossa, affettata
- 2 cucchiai di olio d'oliva
- ½ cucchiaino di aglio tritato
- 2 cucchiai di succo di limone
- Pepe nero al gusto
- 1 cucchiaino di aceto balsamico

Indicazioni:
1. Scaldare una padella con l'olio a fuoco medio, aggiungere la cipolla e l'aglio e far rosolare per 2 minuti.
2. Aggiungere le capesante e gli altri ingredienti, cuocere a fuoco medio per altri 6 minuti, dividere tra i piatti e servire ben caldo.

Nutrizione: calorie 259, grassi 8, fibre 3, carboidrati 5,7, proteine 7

Mix cremoso di branzino

Tempo di preparazione: 10 minuti
Tempo di cottura: 14 minuti
Porzioni: 4

Ingredienti:
- 4 filetti di branzino, disossati
- 1 tazza di crema al cocco
- 1 cipolla gialla, tritata
- 1 cucchiaio di succo di lime
- 2 cucchiai di olio di avocado
- 1 cucchiaio di prezzemolo tritato
- Un pizzico di pepe nero

Indicazioni:
1. Riscaldare una padella con l'olio a fuoco medio, aggiungere la cipolla, mescolare e far rosolare per 2 minuti.
2. Aggiungere il pesce e cuocere per 4 minuti per lato.
3. Aggiungere il resto degli ingredienti, cuocere il tutto per altri 4 minuti, dividere tra i piatti e servire.

Nutrizione: calorie 283, grassi 12,3, fibre 5, carboidrati 12,5, proteine 8

Mix di spigola e funghi

Tempo di preparazione: 10 minuti
Tempo di cottura: 13 minuti
Porzioni: 4

Ingredienti:
- 4 filetti di branzino, disossati
- 2 cucchiai di olio d'oliva
- Pepe nero al gusto
- ½ tazza di funghi bianchi, affettati
- 1 cipolla rossa, tritata
- 2 cucchiai di aceto balsamico
- 3 cucchiai di coriandolo tritato

Indicazioni:
1. Scaldare una padella con l'olio a fuoco medio-alto, aggiungere la cipolla e i funghi, mescolare e cuocere per 5 minuti.
2. Aggiungere il pesce e gli altri ingredienti, cuocere per 4 minuti per parte, dividere il tutto tra i piatti e servire.

Nutrizione: calorie 280, grassi 12,3, fibre 8, carboidrati 13,6, proteine 14,3

Zuppa Di Salmone

Tempo di preparazione: 5 minuti
Tempo di cottura: 20 minuti
Porzioni: 4

Ingredienti:
- 1 libbra di filetti di salmone, disossati, senza pelle e tagliati a cubetti
- 1 tazza di cipolla gialla, tritata
- 2 cucchiai di olio d'oliva
- Pepe nero al gusto
- 2 tazze di brodo vegetale a basso contenuto di sodio
- 1 tazza e ½ di pomodori, tritati
- 1 cucchiaio di basilico tritato

Indicazioni:
1. Riscaldare una pentola con l'olio a fuoco medio, aggiungere la cipolla, mescolare e far rosolare per 5 minuti.
2. Aggiungere il salmone e gli altri ingredienti, portare a ebollizione e cuocere a fuoco medio per 15 minuti.
3. Dividi la zuppa in ciotole e servi.

Nutrizione: calorie 250, grassi 12,2, fibre 5, carboidrati 8,5, proteine 7

Gamberetti alla noce moscata

Tempo di preparazione: 3 minuti
Tempo di cottura: 6 minuti
Porzioni: 4

Ingredienti:
- 1 libbra di gamberetti, pelati e puliti
- 2 cucchiai di olio d'oliva
- 1 cucchiaio di succo di limone
- 1 cucchiaio di noce moscata, macinata
- Pepe nero al gusto
- 1 cucchiaio di coriandolo tritato

Indicazioni:
1. Scaldare una padella con l'olio a fuoco medio, unire i gamberi, il succo di limone e gli altri ingredienti, mescolare, cuocere per 6 minuti, dividere in ciotole e servire.

Nutrizione: calorie 205, grassi 9.6, fibre 0.4, carboidrati 2.7, proteine 26

Mix di gamberi e frutti di bosco

Tempo di preparazione: 4 minuti
Tempo di cottura: 6 minuti
Porzioni: 4

Ingredienti:
- 1 libbra di gamberetti, pelati e puliti
- ½ tazza di pomodori, tagliati a cubetti
- 2 cucchiai di olio d'oliva
- 1 cucchiaio di aceto balsamico
- ½ tazza di fragole, tritate
- Pepe nero al gusto

Indicazioni:
1. Riscaldare una padella con l'olio a fuoco medio, aggiungere i gamberi, mescolare e cuocere per 3 minuti.
2. Aggiungere il resto degli ingredienti, mescolare, cuocere per altri 3-4 minuti, dividere in ciotole e servire.

Nutrizione: calorie 205, grassi 9, fibre 0,6, carboidrati 4, proteine 26,2

Trota Limone Al Forno

Tempo di preparazione: 10 minuti
Tempo di cottura: 30 minuti
Porzioni: 4

Ingredienti:
- 4 trote
- 1 cucchiaio di scorza di limone grattugiata
- 2 cucchiai di olio d'oliva
- 2 cucchiai di succo di limone
- Un pizzico di pepe nero
- 2 cucchiai di coriandolo tritato

Indicazioni:
1. In una pirofila unire il pesce con la scorza di limone e gli altri ingredienti e strofinare.
2. Infornare a 370 gradi per 30 minuti, dividere tra i piatti e servire.

Nutrizione: calorie 264, grassi 12,3, fibre 5, carboidrati 7, proteine 11

Capesante all'erba cipollina

Tempo di preparazione: 3 minuti
Tempo di cottura: 4 minuti
Porzioni: 4

Ingredienti:
- 12 capesante
- 2 cucchiai di olio d'oliva
- Pepe nero al gusto
- 2 cucchiai di erba cipollina tritata
- 1 cucchiaio di paprika dolce

Indicazioni:
1. Riscaldare una padella con l'olio a fuoco medio, aggiungere le capesante, la paprika e gli altri ingredienti e cuocere per 2 minuti per lato.
2. Dividete tra i piatti e servite con un contorno di insalata.

Nutrizione: calorie 215, grassi 6, fibre 5, carboidrati 4,5, proteine 11

Polpette Di Tonno

Tempo di preparazione: 10 minuti
Tempo di cottura: 30 minuti
Porzioni: 4

Ingredienti:
- 2 cucchiai di olio d'oliva
- 1 libbra di tonno, senza pelle, disossato e tritato
- 1 cipolla gialla, tritata
- ¼ di tazza di erba cipollina tritata
- 1 uovo, sbattuto
- 1 cucchiaio di farina di cocco
- Un pizzico di sale e pepe nero

Indicazioni:
1. In una ciotola, mescolare il tonno con la cipolla e gli altri ingredienti tranne l'olio, mescolare bene e formare delle polpette medie con questo composto.
2. Disporre le polpette su una teglia, ungerle con l'olio, introdurre in forno a 350 gradi, cuocere per 30 minuti, dividere tra i piatti e servire.

Nutrizione: calorie 291, grassi 14,3, fibre 5, carboidrati 12,4, proteine 11

Salmone Pan

Tempo di preparazione: 10 minuti
Tempo di cottura: 12 minuti
Porzioni: 4

Ingredienti:
- 4 filetti di salmone, disossati e tagliati grossolanamente a cubetti
- 2 cucchiai di olio d'oliva
- 1 peperone rosso, tagliato a listarelle
- 1 zucchina, tagliata grossolanamente a cubetti
- 1 melanzana, tagliata grossolanamente a cubetti
- 1 cucchiaio di succo di limone
- 1 cucchiaio di aneto, tritato
- ¼ di tazza di brodo vegetale a basso contenuto di sodio
- 1 cucchiaino di aglio in polvere
- Un pizzico di pepe nero

Indicazioni:
1. Scaldare una padella con olio a fuoco medio-alto, aggiungere il peperone, le zucchine e le melanzane, mescolare e saltare per 3 minuti.
2. Aggiungere il salmone e gli altri ingredienti, mescolare delicatamente, cuocere il tutto per altri 9 minuti, dividere tra i piatti e servire.

Nutrizione: calorie 348, grassi 18,4, fibre 5,3, carboidrati 11,9, proteine 36,9

Miscela di merluzzo alla senape

Tempo di preparazione: 10 minuti
Tempo di cottura: 25 minuti
Porzioni: 4

Ingredienti:
- 4 filetti di merluzzo, senza pelle e disossati
- Un pizzico di pepe nero
- 1 cucchiaino di zenzero, grattugiato
- 1 cucchiaio di senape
- 2 cucchiai di olio d'oliva
- 1 cucchiaino di timo, essiccato
- ¼ di cucchiaino di cumino, macinato
- 1 cucchiaino di curcuma in polvere
- ¼ di tazza di coriandolo, tritato
- 1 tazza di brodo vegetale a basso contenuto di sodio
- 3 spicchi d'aglio, tritati

Indicazioni:
1. In una teglia unire il baccalà con il pepe nero, lo zenzero e gli altri ingredienti, mescolare delicatamente e infornare a 380 gradi per 25 minuti.
2. Dividete il composto tra i piatti e servite.

Nutrizione: calorie 176, grassi 9, fibra 1, carboidrati 3,7, proteine 21,2

Mix di gamberi e asparagi

Tempo di preparazione: 10 minuti
Tempo di cottura: 14 minuti
Porzioni: 4

Ingredienti:
- 1 mazzetto di asparagi, tagliato a metà
- 1 libbra di gamberetti, pelati e puliti
- Pepe nero al gusto
- 2 cucchiai di olio d'oliva
- 1 cipolla rossa, tritata
- 2 spicchi d'aglio, tritati
- 1 tazza di crema al cocco

Indicazioni:
1. Scaldare una padella con l'olio a fuoco medio, aggiungere la cipolla, l'aglio e gli asparagi, mescolare e cuocere per 4 minuti.
2. Aggiungere i gamberi e gli altri ingredienti, mescolare, cuocere a fuoco medio per 10 minuti, dividere il tutto in ciotole e servire.

Nutrizione: calorie 225, grassi 6, fibre 3,4, carboidrati 8,6, proteine 8

Merluzzo e Piselli

Tempo di preparazione: 10 minuti
Tempo di cottura: 20 minuti
Porzioni: 4

Ingredienti:
- 1 cipolla gialla, tritata
- 2 cucchiai di olio d'oliva
- ½ tazza di brodo di pollo a basso contenuto di sodio
- 4 filetti di merluzzo, disossati, senza pelle
- Pepe nero al gusto
- 1 tazza di taccole

Indicazioni:
1. Scaldare una pentola con l'olio a fuoco medio, aggiungere la cipolla, mescolare e far rosolare per 4 minuti.
2. Aggiungere il pesce e cuocere per 3 minuti per lato.
3. Aggiungere le taccole e gli altri ingredienti, cuocere il tutto ancora per 10 minuti, dividere tra i piatti e servire.

Nutrizione: calorie 240, grassi 8,4, fibre 2,7, carboidrati 7,6, proteine 14

Ciotole Di Gamberetti E Cozze

Tempo di preparazione: 5 minuti
Tempo di cottura: 12 minuti
Porzioni: 4

Ingredienti:
- 1 libbra di cozze, strofinate
- ½ tazza di brodo di pollo a basso contenuto di sodio
- 1 libbra di gamberetti, pelati e puliti
- 2 scalogni, tritati
- 1 tazza di pomodorini, a cubetti
- 2 spicchi d'aglio, tritati
- 1 cucchiaio di olio d'oliva
- Succo di 1 limone

Indicazioni:
1. Scaldare una padella con l'olio a fuoco medio, aggiungere lo scalogno e l'aglio e far rosolare per 2 minuti.
2. Aggiungere i gamberi, le cozze e gli altri ingredienti, cuocere il tutto a fuoco medio per 10 minuti, dividere in ciotole e servire.

Nutrizione: calorie 240, grassi 4,9, fibre 2,4, carboidrati 11,6, proteine 8

Crema Menta

Tempo di preparazione: 2 ore e 4 minuti

Tempo di cottura: 0 minuti
Porzioni: 4

Ingredienti:
- 4 tazze di yogurt magro
- 1 tazza di crema al cocco
- 3 cucchiai di stevia
- 2 cucchiaini di scorza di lime grattugiata
- 1 cucchiaio di menta, tritata

Indicazioni:
1. In un frullatore unire la panna allo yogurt e agli altri ingredienti, frullare bene, dividere in coppette e tenere in frigo per 2 ore prima di servire.

Nutrizione: calorie 512, grassi 14,3, fibre 1,5, carboidrati 83,6, proteine 12,1

Budino Di Lamponi

Tempo di preparazione: 10 minuti
Tempo di cottura: 24 minuti
Porzioni: 4

Ingredienti:
- 1 tazza di lamponi
- 2 cucchiaini di zucchero di cocco
- 3 uova, sbattute
- 1 cucchiaio di olio di avocado
- ½ tazza di latte di mandorle
- ½ tazza di farina di cocco
- ¼ di tazza di yogurt magro

Indicazioni:
1. In una ciotola unire i lamponi con lo zucchero e gli altri ingredienti tranne lo spray da cucina e frullare bene.
2. Ungete una teglia da budino con lo spray da cucina, unite il composto di lamponi, spalmate, infornate a 400 ° C per 24 minuti, dividete tra i piatti da dessert e servite.

Nutrizione: calorie 215, grassi 11,3, fibre 3,4, carboidrati 21,3, proteine 6,7

Barrette di mandorle

Tempo di preparazione: 10 minuti
Tempo di cottura: 30 minuti
Porzioni: 4

Ingredienti:
- 1 tazza di mandorle, schiacciate
- 2 uova sbattute
- ½ tazza di latte di mandorle
- 1 cucchiaino di estratto di vaniglia
- 2/3 tazza di zucchero di cocco
- 2 tazze di farina integrale
- 1 cucchiaino di lievito in polvere
- Spray da cucina

Indicazioni:
1. In una ciotola unire le mandorle con le uova e gli altri ingredienti tranne lo spray da cucina e mescolare bene.
2. Versate il tutto in una teglia quadrata unta di spray da cucina, spalmate bene, infornate per 30 minuti, fate raffreddare, tagliate a barrette e servite.

Nutrizione: calorie 463, grassi 22,5, fibre 11, carboidrati 54,4, proteine 16,9

Mix di pesche al forno

Tempo di preparazione: 10 minuti
Tempo di cottura: 30 minuti
Porzioni: 4

Ingredienti:
- 4 pesche, private del nocciolo e tagliate a metà
- 1 cucchiaio di zucchero di cocco
- 1 cucchiaino di estratto di vaniglia
- ¼ di cucchiaino di cannella in polvere
- 1 cucchiaio di olio di avocado

Indicazioni:
1. In una teglia unire le pesche con lo zucchero e gli altri ingredienti, infornare a 375 gradi per 30 minuti, raffreddare e servire.

Nutrizione: calorie 91, grassi 0,8, fibre 2,5, carboidrati 19,2, proteine 1,7

Torta Di Noci

Tempo di preparazione: 10 minuti
Tempo di cottura: 25 minuti
Porzioni: 8

Ingredienti:
- 3 tazze di farina di mandorle
- 1 tazza di zucchero di cocco
- 1 cucchiaio di estratto di vaniglia
- ½ tazza di noci tritate
- 2 cucchiaini di bicarbonato di sodio
- 2 tazze di latte di cocco
- ½ tazza di olio di cocco, sciolto

Indicazioni:
1. In una ciotola unire la farina di mandorle con lo zucchero e gli altri ingredienti, frullare bene, versare in una tortiera, spalmare, introdurre in forno a 37 ° C, infornare per 25 minuti.
2. Lasciate raffreddare la torta, affettatela e servite.

Nutrizione: calorie 445, grassi 10, fibre 6,5, carboidrati 31,4, proteine 23,5

Torta di mele

Tempo di preparazione: 10 minuti
Tempo di cottura: 30 minuti
Porzioni: 4

Ingredienti:
- 2 tazze di farina di mandorle
- 1 cucchiaino di bicarbonato di sodio
- 1 cucchiaino di lievito in polvere
- ½ cucchiaino di cannella in polvere
- 2 cucchiai di zucchero di cocco
- 1 tazza di latte di mandorle
- 2 mele verdi, private del torsolo, sbucciate e tritate
- Spray da cucina

Indicazioni:
1. In una ciotola unire la farina con il bicarbonato di sodio, le mele e gli altri ingredienti tranne lo spray da cucina e frullare bene.
2. Versate il tutto in una tortiera unta con lo spray da cucina, spalmate bene, introducete in forno e infornate a 360 gradi per 30 minuti.
3. Raffredda la torta, affetta e servi.

Nutrizione: calorie 332, grassi 22.4, fibre 91.6, carboidrati 22.2, proteine 12.3

Crema alla cannella

Tempo di preparazione: 2 ore
Tempo di cottura: 10 minuti
Porzioni: 4

Ingredienti:
- 1 tazza di latte di mandorle magro
- 1 tazza di crema al cocco
- 2 tazze di zucchero di cocco
- 2 cucchiai di cannella in polvere
- 1 cucchiaino di estratto di vaniglia

Indicazioni:
1. Riscaldare una padella con il latte di mandorle a fuoco medio, aggiungere il resto degli ingredienti, frullare e cuocere per altri 10 minuti.
2. Dividete il composto in ciotole, fate raffreddare e tenete in frigo per 2 ore prima di servire.

Nutrizione: calorie 254, grassi 7,5, fibre 5, carboidrati 16,4, proteine 9,5

Mix cremoso di fragole

Tempo di preparazione: 10 minuti
Tempo di cottura: 0 minuti
Porzioni: 4

Ingredienti:
- 1 cucchiaino di estratto di vaniglia
- 2 tazze di fragole, tritate
- 1 cucchiaino di zucchero di cocco
- 8 once di yogurt magro

Indicazioni:
1. In una ciotola unire le fragole con la vaniglia e gli altri ingredienti, mescolare e servire freddo.

Nutrizione: calorie 343, grassi 13,4, fibre 6, carboidrati 15,43, proteine 5,5

Brownies alla vaniglia e noci pecan

Tempo di preparazione: 10 minuti
Tempo di cottura: 25 minuti
Porzioni: 8

Ingredienti:
- 1 tazza di noci pecan, tritate
- 3 cucchiai di zucchero di cocco
- 2 cucchiai di cacao in polvere
- 3 uova, sbattute
- ¼ di tazza di olio di cocco, sciolto
- ½ cucchiaino di lievito in polvere
- 2 cucchiaini di estratto di vaniglia
- Spray da cucina

Indicazioni:
1. Nel tuo robot da cucina, unisci le noci pecan con lo zucchero di cocco e gli altri ingredienti tranne lo spray da cucina e frulla bene.
2. Ungete una teglia quadrata con uno spray da cucina, unite il composto di brownies, spalmate, introducete in forno, infornate a 350 gradi per 25 minuti, lasciate raffreddare, affettate e servite.

Nutrizione: calorie 370, grassi 14,3, fibre 3, carboidrati 14,4, proteine 5,6

Torta Di Fragole

Tempo di preparazione: 10 minuti
Tempo di cottura: 25 minuti
Porzioni: 6

Ingredienti:
- 2 tazze di farina integrale
- 1 tazza di fragole, tritate
- ½ cucchiaino di bicarbonato di sodio
- ½ tazza di zucchero di cocco
- ¾ tazza di latte di cocco
- ¼ di tazza di olio di cocco, sciolto
- 2 uova sbattute
- 1 cucchiaino di estratto di vaniglia
- Spray da cucina

Indicazioni:
1. In una ciotola unire la farina con le fragole e gli altri ingredienti tranne lo spray da cucina e frullare bene.
2. Ungere una tortiera con dello spray da cucina, versare il composto per dolci, spalmare, infornare a 350 gradi per 25 minuti, raffreddare, affettare e servire.

Nutrizione: calorie 465, grassi 22,1, fibre 4, carboidrati 18,3, proteine 13,4

Budino Di Cacao

Tempo di preparazione: 10 minuti
Tempo di cottura: 10 minuti
Porzioni: 4

Ingredienti:
- 2 cucchiai di zucchero di cocco
- 3 cucchiai di farina di cocco
- 2 cucchiai di cacao in polvere
- 2 tazze di latte di mandorle
- 2 uova sbattute
- ½ cucchiaino di estratto di vaniglia

Indicazioni:
1. Mettere il latte in una padella, unire il cacao e gli altri ingredienti, frullare, cuocere a fuoco medio per 10 minuti, versare in tazzine e servire freddo.

Nutrizione: calorie 385, grassi 31,7, fibre 5,7, carboidrati 21,6, proteine 7,3

Crema alla vaniglia alla noce moscata

Tempo di preparazione: 10 minuti
Tempo di cottura: 0 minuti
Porzioni: 6

Ingredienti:
- 3 tazze di latte scremato
- 1 cucchiaino di noce moscata, macinata
- 2 cucchiaini di estratto di vaniglia
- 4 cucchiaini di zucchero di cocco
- 1 tazza di noci, tritate

Indicazioni:
1. In una ciotola unire il latte con la noce moscata e gli altri ingredienti, frullare bene, dividere in coppette e servire freddo.

Nutrizione: calorie 243, grassi 12,4, fibre 1,5, carboidrati 21,1, proteine 9,7

Crema di avocado

Tempo di preparazione: 1 ora e 10 minuti

Tempo di cottura: 0 minuti
Porzioni: 4

Ingredienti:
- 2 tazze di crema al cocco
- 2 avocado, sbucciati, snocciolati e schiacciati
- 2 cucchiai di zucchero di cocco
- 1 cucchiaino di estratto di vaniglia

Indicazioni:
1. In un frullatore unire la panna con gli avocado e gli altri ingredienti, frullare bene, dividere in coppette e tenere in frigo per 1 ora prima di servire.

Nutrizione: calorie 532, grassi 48,2, fibre 9,4, carboidrati 24,9, proteine 5,2

Crema Di Lamponi

Tempo di preparazione: 10 minuti
Tempo di cottura: 25 minuti
Porzioni: 4

Ingredienti:
- 2 cucchiai di farina di mandorle
- 1 tazza di crema al cocco
- 3 tazze di lamponi
- 1 tazza di zucchero di cocco
- 8 once di crema di formaggio magro

Indicazioni:
1. In una terrina la farina con la panna e gli altri ingredienti, frullare, trasferire in una teglia rotonda, cuocere a 360 gradi per 25 minuti, dividere in ciotole e servire.

Nutrizione: calorie 429, grassi 36,3, fibre 7,7, carboidrati 21,3, proteine 7,8

Insalata di anguria

Tempo di preparazione: 4 minuti
Tempo di cottura: 0 minuti
Porzioni: 4

Ingredienti:
- 1 tazza di anguria, sbucciata e tagliata a cubetti
- 2 mele, private del torsolo e tagliate a cubetti
- 1 cucchiaio di crema di cocco
- 2 banane, tagliate a pezzi

Indicazioni:
1. In una ciotola unire l'anguria con le mele e gli altri ingredienti, mescolare e servire.

Nutrizione: calorie 131, grassi 1.3, fibre 4.5, carboidrati 31.9, proteine 1.3

Mix di pere al cocco

Tempo di preparazione: 10 minuti
Tempo di cottura: 10 minuti
Porzioni: 4

Ingredienti:
- 2 cucchiaini di succo di lime
- ½ tazza di crema al cocco
- ½ tazza di cocco, sminuzzato
- 4 pere, private del torsolo e tagliate a cubetti
- 4 cucchiai di zucchero di cocco

Indicazioni:
1. In una padella unire le pere con il succo di lime e gli altri ingredienti, mescolare, portare a ebollizione a fuoco medio e cuocere per 10 minuti.
2. Dividete in ciotole e servite fredde.

Nutrizione: calorie 320, grassi 7,8, fibre 3, carboidrati 6,4, proteine 4,7

Composta di mele

Tempo di preparazione: 10 minuti
Tempo di cottura: 15 minuti
Porzioni: 4

Ingredienti:
- 5 cucchiai di zucchero di cocco
- 2 tazze di succo d'arancia
- 4 mele, private del torsolo e tagliate a cubetti

Indicazioni:
1. In una pentola unire le mele con lo zucchero e il succo d'arancia, mescolare, portare a ebollizione a fuoco medio, cuocere per 15 minuti, dividere in ciotole e servire freddo.

Nutrizione: calorie 220, grassi 5.2, fibra 3, carboidrati 5.6, proteine 5.6

Stufato di albicocche

Tempo di preparazione: 10 minuti
Tempo di cottura: 15 minuti
Porzioni: 4

Ingredienti:
- 2 tazze di albicocche, tagliate a metà
- 2 tazze d'acqua
- 2 cucchiai di zucchero di cocco
- 2 cucchiai di succo di limone

Indicazioni:
1. In una pentola unire le albicocche con l'acqua e gli altri ingredienti, mescolare, cuocere a fuoco medio per 15 minuti, dividere in ciotole e servire.

Nutrizione: calorie 260, grassi 6.2, fibre 4.2, carboidrati 5.6, proteine 6

Mix di melone al limone

Tempo di preparazione: 10 minuti
Tempo di cottura: 10 minuti
Porzioni: 4

Ingredienti:
- 2 tazze di melone, sbucciate e tagliate grossolanamente a cubetti
- 4 cucchiai di zucchero di cocco
- 2 cucchiaini di estratto di vaniglia
- 2 cucchiaini di succo di limone

Indicazioni:
1. In un pentolino unire il melone allo zucchero e agli altri ingredienti, mescolare, scaldare a fuoco medio, cuocere per circa 10 minuti, dividere in ciotole e servire freddo.

Nutrizione: calorie 140, grassi 4, fibre 3,4, carboidrati 6,7, proteine 5

Crema cremosa al rabarbaro

Tempo di preparazione: 10 minuti
Tempo di cottura: 14 minuti
Porzioni: 4

Ingredienti:
- 1/3 di tazza di crema di formaggio magro
- ½ tazza di crema al cocco
- Rabarbaro da 2 libbre, tritato grossolanamente
- 3 cucchiai di zucchero di cocco

Indicazioni:
1. In un frullatore, unire la crema di formaggio con la panna e gli altri ingredienti e frullare bene.
2. Dividere in coppette, introdurre in forno e infornare a 350 gradi per 14 minuti.
3. Servire freddo.

Nutrizione: calorie 360, grassi 14,3, fibre 4,4, carboidrati 5,8, proteine 5,2

Ciotole di ananas

Tempo di preparazione: 10 minuti
Tempo di cottura: 0 minuti
Porzioni: 4

Ingredienti:
- 3 tazze di ananas, sbucciate e tagliate a cubetti
- 1 cucchiaino di semi di chia
- 1 tazza di crema al cocco
- 1 cucchiaino di estratto di vaniglia
- 1 cucchiaio di menta, tritata

Indicazioni:
1. In una ciotola unire l'ananas con la panna e gli altri ingredienti, mescolare, dividere in ciotole più piccole e tenere in frigo per 10 minuti prima di servire.

Nutrizione: calorie 238, grassi 16,6, fibre 5,6, carboidrati 22,8, proteine 3,3

Stufato di mirtilli

Tempo di preparazione: 10 minuti
Tempo di cottura: 10 minuti
Porzioni: 4

Ingredienti:
- 2 cucchiai di succo di limone
- 1 tazza d'acqua
- 3 cucchiai di zucchero di cocco
- 12 once di mirtilli

Indicazioni:
1. In una padella unire i mirtilli con lo zucchero e gli altri ingredienti, portare a fuoco lento e cuocere a fuoco medio per 10 minuti.
2. Dividete in ciotole e servite.

Nutrizione: calorie 122, grassi 0,4, fibre 2,1, carboidrati 26,7, proteine 1,5

Budino Di Lime

Tempo di preparazione: 10 minuti
Tempo di cottura: 15 minuti
Porzioni: 4

Ingredienti:
- 2 tazze di crema al cocco
- Succo di 1 lime
- La scorza di 1 lime, grattugiata
- 3 cucchiai di olio di cocco, sciolto
- 1 uovo, sbattuto
- 1 cucchiaino di lievito in polvere

Indicazioni:
1. In una ciotola unire la panna con il succo di lime e gli altri ingredienti e frullare bene.
2. Dividere in piccoli stampini, introdurre in forno e infornare a 360 gradi per 15 minuti.
3. Servire il budino freddo.

Nutrizione: calorie 385, grassi 39,9, fibre 2,7, carboidrati 8,2, proteine 4,2

Crema di pesche

Tempo di preparazione: 10 minuti
Tempo di cottura: 0 minuti
Porzioni: 4

Ingredienti:
- 3 tazze di crema al cocco
- 2 pesche, private del nocciolo e tritate
- 1 cucchiaino di estratto di vaniglia
- ½ tazza di mandorle tritate

Indicazioni:
1. In un frullatore unire la panna e gli altri ingredienti, frullare bene, dividere in ciotoline e servire freddo.

Nutrizione: calorie 261, grassi 13, fibre 5.6, carboidrati 7, proteine 5.4

Miscela Di Prugne Alla Cannella

Tempo di preparazione: 10 minuti
Tempo di cottura: 15 minuti
Porzioni: 4

Ingredienti:
- 1 libbra di prugne, noccioli rimossi e dimezzati
- 2 cucchiai di zucchero di cocco
- ½ cucchiaino di cannella in polvere
- 1 tazza d'acqua

Indicazioni:
1. In una padella unire le prugne con lo zucchero e gli altri ingredienti, portare a ebollizione e cuocere a fuoco medio per 15 minuti.
2. Dividete in ciotole e servite fredde.

Nutrizione: calorie 142, grassi 4, fibre 2.4, carboidrati 14, proteine 7

Chia e Mele Vaniglia

Tempo di preparazione: 10 minuti
Tempo di cottura: 10 minuti
Porzioni: 4

Ingredienti:
- 2 tazze di mele, private del torsolo e tagliate a spicchi
- 2 cucchiai di semi di chia
- 1 cucchiaino di estratto di vaniglia
- 2 tazze di succo di mela naturalmente non zuccherato

Indicazioni:
1. In una pentola unire le mele con i semi di chia e gli altri ingredienti, mescolare, far cuocere a fuoco medio per 10 minuti, dividere in ciotole e servire freddo.

Nutrizione: calorie 172, grassi 5.6, fibre 3.5, carboidrati 10, proteine 4.4

Budino Di Riso E Pere

Tempo di preparazione: 10 minuti
Tempo di cottura: 25 minuti
Porzioni: 4

Ingredienti:
- 6 tazze d'acqua
- 1 tazza di zucchero di cocco
- 2 tazze di riso nero
- 2 pere, private del torsolo e tagliate a cubetti
- 2 cucchiaini di cannella in polvere

Indicazioni:
1. Mettete l'acqua in una padella, scaldatela a fuoco medio-alto, aggiungete il riso, lo zucchero e gli altri ingredienti, mescolate, portate a ebollizione, abbassate la fiamma e cuocete per 25 minuti.
2. Dividete in ciotole e servite fredde.

Nutrizione: calorie 290, grassi 13,4, fibre 4, carboidrati 13,20, proteine 6,7

Stufato di rabarbaro

Tempo di preparazione: 10 minuti
Tempo di cottura: 15 minuti
Porzioni: 4

Ingredienti:
- 2 tazze di rabarbaro, tritato grossolanamente
- 3 cucchiai di zucchero di cocco
- 1 cucchiaino di estratto di mandorle
- 2 tazze d'acqua

Indicazioni:
1. In una pentola unire il rabarbaro agli altri ingredienti, mescolare, portare a ebollizione a fuoco medio, cuocere per 15 minuti, dividere in ciotole e servire freddo.

Nutrizione: calorie 142, grassi 4.1, fibre 4.2, carboidrati 7, proteine 4

Crema di rabarbaro

Tempo di preparazione: 1 ora
Tempo di cottura: 10 minuti
Porzioni: 4

Ingredienti:
- 2 tazze di crema al cocco
- 1 tazza di rabarbaro, tritato
- 3 uova, sbattute
- 3 cucchiai di zucchero di cocco
- 1 cucchiaio di succo di lime

Indicazioni:
1. In un pentolino unire la panna con il rabarbaro e gli altri ingredienti, sbattere bene, cuocere a fuoco medio per 10 minuti, frullare con un frullatore ad immersione, dividere in ciotole e tenere in frigo per 1 ora prima di servire.

Nutrizione: calorie 230, grassi 8,4, fibre 2,4, carboidrati 7,8, proteine 6

Insalata Di Mirtilli

Tempo di preparazione: 5 minuti
Tempo di cottura: 0 minuti
Porzioni: 4

Ingredienti:
- 2 tazze di mirtilli
- 3 cucchiai di menta, tritata
- 1 pera, privata del torsolo e tagliata a cubetti
- 1 mela, torsolo e cubetti
- 1 cucchiaio di zucchero di cocco

Indicazioni:
1. In una ciotola unire i mirtilli con la menta e gli altri ingredienti, mescolare e servire freddo.

Nutrizione: calorie 150, grassi 2.4, fibre 4, carboidrati 6,8, proteine 6

Datteri e crema di banana

Tempo di preparazione: 5 minuti
Tempo di cottura: 0 minuti
Porzioni: 4

Ingredienti:
- 1 tazza di latte di mandorle
- 1 banana, sbucciata e affettata
- 1 cucchiaino di estratto di vaniglia
- ½ tazza di crema al cocco
- datteri, tritati

Indicazioni:
1. In un frullatore unire i datteri con la banana e gli altri ingredienti, frullare bene, dividere in coppette e servire freddo.

Nutrizione: calorie 271, grassi 21,6, fibre 3,8, carboidrati 21,2, proteine 2,7

Muffin alla prugna

Tempo di preparazione: 10 minuti
Tempo di cottura: 25 minuti
Porzioni: 12

Ingredienti:
- 3 cucchiai di olio di cocco, sciolto
- ½ tazza di latte di mandorle
- 4 uova sbattute
- 1 cucchiaino di estratto di vaniglia
- 1 tazza di farina di mandorle
- 2 cucchiaini di cannella in polvere
- ½ cucchiaino di lievito in polvere
- 1 tazza di prugne, snocciolate e tritate

Indicazioni:
1. In una ciotola unire l'olio di cocco con il latte di mandorle e gli altri ingredienti e frullare bene.
2. Dividere in una teglia da muffin, introdurre in forno a 350 ° F e infornare per 25 minuti.
3. Servire i muffin freddi.

Nutrizione: calorie 270, grassi 3,4, fibre 4,4, carboidrati 12, proteine 5

Ciotole di prugne e uvetta

Tempo di preparazione: 10 minuti
Tempo di cottura: 20 minuti
Porzioni: 4

Ingredienti:
- ½ libbra di prugne, snocciolate e tagliate a metà
- 2 cucchiai di zucchero di cocco
- 4 cucchiai di uvetta
- 1 cucchiaino di estratto di vaniglia
- 1 tazza di crema al cocco

Indicazioni:
1. In una padella unire le prugne con lo zucchero e gli altri ingredienti, portare a ebollizione e cuocere a fuoco medio per 20 minuti.
2. Dividete in ciotole e servite.

Nutrizione: calorie 219, grassi 14,4, fibre 1,8, carboidrati 21,1, proteine 2.2

Barrette di semi di girasole

Tempo di preparazione: 10 minuti
Tempo di cottura: 20 minuti
Porzioni: 6

Ingredienti:
- 1 tazza di farina di cocco
- ½ cucchiaino di bicarbonato di sodio
- 1 cucchiaio di semi di lino
- 3 cucchiai di latte di mandorle
- 1 tazza di semi di girasole
- 2 cucchiai di olio di cocco, sciolto
- 1 cucchiaino di estratto di vaniglia

Indicazioni:
1. In una ciotola mescolare la farina con il bicarbonato e gli altri ingredienti, mescolare bene, stendere su una teglia, premere bene, cuocere in forno a 350 gradi per 20 minuti, lasciare da parte a raffreddare, tagliare a barrette e servire.

Nutrizione: calorie 189, grassi 12,6, fibre 9,2, carboidrati 15,7, proteine 4,7

Ciotole per more e anacardi

Tempo di preparazione: 10 minuti
Tempo di cottura: 0 minuti
Porzioni: 4
Ingredienti:

- 1 tazza di anacardi
- 2 tazze di more
- ¾ tazza di crema al cocco
- 1 cucchiaino di estratto di vaniglia
- 1 cucchiaio di zucchero di cocco

Indicazioni:

1. In una ciotola unire gli anacardi con i frutti di bosco e gli altri ingredienti, mescolare, dividere in piccole ciotole e servire.

Nutrizione: calorie 230, grassi 4, fibre 3,4, carboidrati 12,3, proteine 8

Ciotole Arancia e Mandarini

Tempo di preparazione: 4 minuti
Tempo di cottura: 8 minuti
Porzioni: 4

Ingredienti:
- 4 arance, sbucciate e tagliate a spicchi
- 2 mandarini, pelati e tagliati a spicchi
- Succo di 1 lime
- 2 cucchiai di zucchero di cocco
- 1 tazza d'acqua

Indicazioni:
1. In una padella unire le arance con i mandarini e gli altri ingredienti, portare a ebollizione e cuocere a fuoco medio per 8 minuti.
2. Dividete in ciotole e servite fredde.

Nutrizione: calorie 170, grassi 2,3, fibre 2,3, carboidrati 11, proteine 3,4

Crema Di Zucca

Tempo di preparazione: 2 ore
Tempo di cottura: 0 minuti
Porzioni: 4

Ingredienti:
- 2 tazze di crema al cocco
- 1 tazza di purea di zucca
- 14 once di crema di cocco
- 3 cucchiai di zucchero di cocco

Indicazioni:
1. In una ciotola unire la panna con la purea di zucca e gli altri ingredienti, frullare bene, dividere in ciotoline e tenere in frigo per 2 ore prima di servire.

Nutrizione: calorie 350, grassi 12,3, fibre 3, carboidrati 11,7, proteine 6

Mix di fichi e rabarbaro

Tempo di preparazione: 6 minuti
Tempo di cottura: 14 minuti
Porzioni: 4

Ingredienti:
- 2 cucchiai di olio di cocco, sciolto
- 1 tazza di rabarbaro, tritato grossolanamente
- 12 fichi, tagliati a metà
- ¼ di tazza di zucchero di cocco
- 1 tazza d'acqua

Indicazioni:
1. Scaldare una padella con l'olio a fuoco medio, unire i fichi e il resto degli ingredienti, mescolare, far cuocere per 14 minuti, dividere in coppette e servire freddo.

Nutrizione: calorie 213, grassi 7.4, fibre 6.1, carboidrati 39, proteine 2.2

Banana speziata

Tempo di preparazione: 4 minuti
Tempo di cottura: 15 minuti
Porzioni: 4

Ingredienti:
- 4 banane, sbucciate e tagliate a metà
- 1 cucchiaino di noce moscata, macinata
- 1 cucchiaino di cannella in polvere
- Succo di 1 lime
- 4 cucchiai di zucchero di cocco

Indicazioni:
1. Disporre le banane in una teglia, aggiungere la noce moscata e gli altri ingredienti, infornare a 350 gradi per 15 minuti.
2. Dividete le banane al forno tra i piatti e servite.

Nutrizione: calorie 206, grassi 0,6, fibre 3,2, carboidrati 47,1, proteine 2.4

Frullato al cacao

Tempo di preparazione: 5 minuti
Tempo di cottura: 0 minuti
Porzioni: 2

Ingredienti:
- 2 cucchiaini di cacao in polvere
- 1 avocado, snocciolato, sbucciato e schiacciato
- 1 tazza di latte di mandorle
- 1 tazza di crema al cocco

Indicazioni:
1. Nel tuo frullatore unisci il latte di mandorle con la panna e gli altri ingredienti, sbatti bene, dividi in tazze e servi freddo.

Nutrizione: calorie 155, grassi 12,3, fibre 4, carboidrati 8,6, proteine 5

Barrette di banana

Tempo di preparazione: 30 minuti
Tempo di cottura: 0 minuti
Porzioni: 4
Ingredienti:

- 1 tazza di olio di cocco, sciolto
- 2 banane, sbucciate e tritate
- 1 avocado, sbucciato, snocciolato e schiacciato
- ½ tazza di zucchero di cocco
- ¼ di tazza di succo di lime
- 1 cucchiaino di scorza di limone grattugiata
- Spray da cucina

Indicazioni:

1. Nel tuo robot da cucina, mescola le banane con l'olio e gli altri ingredienti tranne lo spray da cucina e frulla bene.
2. Ungete una teglia con lo spray da cucina, versate e stendete la banana mix, spalmate, tenete in frigo per 30 minuti, tagliate a barrette e servite.

Nutrizione: calorie 639, grassi 64,6, fibre 4,9, carboidrati 20,5, proteine 1,7

Bar con tè verde e datteri

Tempo di preparazione: 10 minuti
Tempo di cottura: 30 minuti
Porzioni: 8

Ingredienti:
- 2 cucchiai di tè verde in polvere
- 2 tazze di latte di cocco, riscaldato
- ½ tazza di olio di cocco, sciolto
- 2 tazze di zucchero di cocco
- 4 uova sbattute
- 2 cucchiaini di estratto di vaniglia
- 3 tazze di farina di mandorle
- 1 cucchiaino di bicarbonato di sodio
- 2 cucchiaini di lievito in polvere

Indicazioni:
1. In una ciotola unire il latte di cocco con la polvere di tè verde e il resto degli ingredienti, mescolare bene, versare in una teglia quadrata, spalmare, introdurre in forno, infornare a 350 gradi per 30 minuti, raffreddare, tagliare a bar e servire.

Nutrizione: calorie 560, grassi 22,3, fibre 4, carboidrati 12,8, proteine 22,1

Crema di noci

Tempo di preparazione: 2 ore
Tempo di cottura: 0 minuti
Porzioni: 4

Ingredienti:
- 2 tazze di latte di mandorle
- ½ tazza di crema al cocco
- ½ tazza di noci tritate
- 3 cucchiai di zucchero di cocco
- 1 cucchiaino di estratto di vaniglia

Indicazioni:
1. In una ciotola unire il latte di mandorle con la panna e gli altri ingredienti, frullare bene, dividere in coppette e tenere in frigo per 2 ore prima di servire.

Nutrizione: calorie 170, grassi 12,4, fibre 3, carboidrati 12,8, proteine 4

Torta al limone

Tempo di preparazione: 10 minuti
Tempo di cottura: 35 minuti
Porzioni: 6

Ingredienti:
- 2 tazze di farina integrale
- 1 cucchiaino di lievito in polvere
- 2 cucchiai di olio di cocco, sciolto
- 1 uovo, sbattuto
- 3 cucchiai di zucchero di cocco
- 1 tazza di latte di mandorle
- La scorza di 1 limone grattugiata
- Succo di 1 limone

Indicazioni:
1. In una ciotola unire la farina con l'olio e gli altri ingredienti, frullare bene, trasferire il tutto in una tortiera e infornare a 360 ° per 35 minuti.
2. Affetta e servi freddo.

Nutrizione: calorie 222, grassi 12,5, fibre 6,2, carboidrati 7, proteine 17,4

Barrette di uvetta

Tempo di preparazione: 10 minuti
Tempo di cottura: 25 minuti
Porzioni: 6

Ingredienti:
- 1 cucchiaino di cannella in polvere
- 2 tazze di farina di mandorle
- 1 cucchiaino di lievito in polvere
- ½ cucchiaino di noce moscata, macinata
- 1 tazza di olio di cocco, sciolto
- 1 tazza di zucchero di cocco
- 1 uovo, sbattuto
- 1 tazza di uvetta

Indicazioni:
1. In una ciotola unire la farina con la cannella e gli altri ingredienti, mescolare bene, stendere su una teglia foderata, introdurre in forno, infornare a 380 gradi per 25 minuti, tagliare a listarelle e servire freddo.

Nutrizione: calorie 274, grassi 12, fibre 5,2, carboidrati 14,5, proteine 7

Nettarine Squares

Tempo di preparazione: 10 minuti
Tempo di cottura: 20 minuti
Porzioni: 4

Ingredienti:
- 3 pesche noci, snocciolate e tritate
- 1 cucchiaio di zucchero di cocco
- ½ cucchiaino di bicarbonato di sodio
- 1 tazza di farina di mandorle
- 4 cucchiai di olio di cocco, sciolto
- 2 cucchiai di cacao in polvere

Indicazioni:
1. In un frullatore unire le pesche noci con lo zucchero e il resto degli ingredienti, sbattere bene, versare in una teglia quadrata foderata, spalmare, infornare a 375 gradi per 20 minuti, lasciare raffreddare un po 'il composto , tagliate a quadratini e servite.

Nutrizione: calorie 342, grassi 14,4, fibre 7,6, carboidrati 12, proteine 7,7

Stufato di uva

Tempo di preparazione: 10 minuti
Tempo di cottura: 20 minuti
Porzioni: 4

Ingredienti:
- 1 tazza di uva verde
- Succo di ½ lime
- 2 cucchiai di zucchero di cocco
- 1 tazza e ½ d'acqua
- 2 cucchiaini di cardamomo in polvere

Indicazioni:
1. Riscaldare una padella con l'acqua a fuoco medio, aggiungere l'uva e gli altri ingredienti, portare a ebollizione, cuocere per 20 minuti, dividere in ciotole e servire.

Nutrizione: calorie 384, grassi 12,5, fibre 6,3, carboidrati 13,8, proteine 5,6

Crema Mandarino e Prugne

Tempo di preparazione: 10 minuti
Tempo di cottura: 20 minuti
Porzioni: 4

Ingredienti:
- 1 mandarino, sbucciato e tritato
- ½ libbra di prugne, snocciolate e tritate
- 1 tazza di crema al cocco
- Succo di 2 mandarini
- 2 cucchiai di zucchero di cocco

Indicazioni:
1. In un frullatore, unire il mandarino con le prugne e gli altri ingredienti, sbattere bene, dividere in piccoli stampini, introdurre in forno, infornare a 350 gradi per 20 minuti e servire freddo.

Nutrizione: calorie 402, grassi 18,2, fibra 2, carboidrati 22,2, proteine 4,5

Crema di Ciliegie e Fragole

Tempo di preparazione: 10 minuti
Tempo di cottura: 0 minuti
Porzioni: 6

Ingredienti:
- Ciliegie da 1 libbra, snocciolate
- 1 tazza di fragole, tritate
- ¼ di tazza di zucchero di cocco
- 2 tazze di crema al cocco

Indicazioni:
1. In un frullatore unire le ciliegie con gli altri ingredienti, frullare bene, dividere in ciotole e servire freddo.

Nutrizione: calorie 342, grassi 22,1, fibre 5,6, carboidrati 8,4, proteine 6,5

Cardamomo, noci e budino di riso

Tempo di preparazione: 5 minuti
Tempo di cottura: 40 minuti
Porzioni: 4

Ingredienti:
- 1 tazza di riso basmati
- 3 tazze di latte di mandorle
- 3 cucchiai di zucchero di cocco
- ½ cucchiaino di cardamomo in polvere
- ¼ di tazza di noci tritate

Indicazioni:
1. In una padella unire il riso con il latte e gli altri ingredienti, mescolare, cuocere per 40 minuti a fuoco medio, dividere in ciotole e servire freddo.

Nutrizione: calorie 703, grassi 47,9, fibre 5,2, carboidrati 62,1, proteine 10,1

Pane alle pere

Tempo di preparazione: 10 minuti
Tempo di cottura: 30 minuti
Porzioni: 4

Ingredienti:
- 2 tazze di pere, private del torsolo e tagliate a cubetti
- 1 tazza di zucchero di cocco
- 2 uova sbattute
- 2 tazze di farina di mandorle
- 1 cucchiaio di lievito in polvere
- 1 cucchiaio di olio di cocco, sciolto

Indicazioni:
1. In una terrina mescolate le pere con lo zucchero e gli altri ingredienti, frullate, versatele in una teglia, mettete in forno e infornate a 350 gradi per 30 minuti.
2. Affetta e servi freddo.

Nutrizione: calorie 380, grassi 16,7, fibre 5, carboidrati 17,5, proteine 5,6

Budino Di Riso E Ciliegie

Tempo di preparazione: 10 minuti
Tempo di cottura: 25 minuti
Porzioni: 4

Ingredienti:
- 1 cucchiaio di olio di cocco, sciolto
- 1 tazza di riso bianco
- 3 tazze di latte di mandorle
- ½ tazza di ciliegie, snocciolate e tagliate a metà
- 3 cucchiai di zucchero di cocco
- 1 cucchiaino di cannella in polvere
- 1 cucchiaino di estratto di vaniglia

Indicazioni:
1. In una padella unire l'olio con il riso e gli altri ingredienti, mescolare, portare a ebollizione, cuocere per 25 minuti a fuoco medio, dividere in ciotole e servire freddo.

Nutrizione: calorie 292, grassi 12,4, fibre 5,6, carboidrati 8, proteine 7

Stufato Di Anguria

Tempo di preparazione: 5 minuti
Tempo di cottura: 8 minuti
Porzioni: 4

Ingredienti:
- Succo di 1 lime
- 1 cucchiaino di scorza di lime grattugiata
- 1 tazza e ½ di zucchero di cocco
- 4 tazze di anguria, sbucciata e tagliata a pezzi grandi
- 1 tazza e ½ d'acqua

Indicazioni:
1. In una padella unire l'anguria con la scorza di lime e gli altri ingredienti, mescolare, portare a ebollizione a fuoco medio, cuocere per 8 minuti, dividere in ciotole e servire freddo.

Nutrizione:: calorie 233, grassi 0,2, fibre 0,7, carboidrati 61,5, proteine 0,9

Budino allo zenzero

Tempo di preparazione: 1 ora
Tempo di cottura: 0 minuti
Porzioni: 4

Ingredienti:
- 2 tazze di latte di mandorle
- ½ tazza di crema al cocco
- 2 cucchiai di zucchero di cocco
- 1 cucchiaio di zenzero, grattugiato
- ¼ di tazza di semi di chia

Indicazioni:
1. In una ciotola unire il latte con la panna e gli altri ingredienti, sbattere bene, dividere in coppette e tenerle in frigo per 1 ora prima di servire.

Nutrizione: calorie 345, grassi 17, fibre 4.7, carboidrati 11,5, proteine 6.9

Crema di anacardi

Tempo di preparazione: 2 ore
Tempo di cottura: 0 minuti
Porzioni: 4

Ingredienti:
- 1 tazza di anacardi, tritati
- 2 cucchiai di olio di cocco, sciolto
- 2 cucchiai di olio di cocco, sciolto
- 1 tazza di crema al cocco
- cucchiai di succo di limone
- 1 cucchiaio di zucchero di cocco

Indicazioni:
1. In un frullatore unire gli anacardi all'olio di cocco e agli altri ingredienti, frullare bene, dividere in coppette e tenere in frigo per 2 ore prima di servire.

Nutrizione: calorie 480, grassi 43,9, fibre 2,4, carboidrati 19,7, proteine 7

Biscotti alla canapa

Tempo di preparazione: 30 minuti
Tempo di cottura: 0 minuti
Porzioni: 6

Ingredienti:
- 1 tazza di mandorle, ammollate durante la notte e scolate
- 2 cucchiai di cacao in polvere
- 1 cucchiaio di zucchero di cocco
- ½ tazza di semi di canapa
- ¼ di tazza di cocco, sminuzzato
- ½ tazza di acqua

Indicazioni:
1. Nel tuo robot da cucina unisci le mandorle con il cacao in polvere e gli altri ingredienti, sbatti bene, pressalo su una teglia foderata, tieni in frigo per 30 minuti, affetta e servi.

Nutrizione: calorie 270, grassi 12,6, fibre 3, carboidrati 7,7, proteine 7

Ciotole Mandorle e Melograno

Tempo di preparazione: 2 ore
Tempo di cottura: 0 minuti
Porzioni: 4

Ingredienti:
- ½ tazza di crema al cocco
- 1 cucchiaino di estratto di vaniglia
- 1 tazza di mandorle tritate
- 1 tazza di semi di melograno
- 1 cucchiaio di zucchero di cocco

Indicazioni:
1. In una ciotola unire le mandorle con la panna e gli altri ingredienti, mescolare, dividere in ciotoline e servire.

Nutrizione: calorie 258, grassi 19, fibre 3,9, carboidrati 17,6, proteine 6,2

www.ingramcontent.com/pod-product-compliance
Lightning Source LLC
Chambersburg PA
CBHW071819080526
44589CB00012B/849

9 781803 507422